だいわ文庫

最強の独学術

自力であらゆる目標を達成する
「勝利のバイブル」

本山勝寛

JN113932

大和書房

極貧から東大・ハーバードに受かり、
目標を達成し続ける「最強の独学術」

目標は、実現するためにあるものです。
夢は、叶えるためにあるものです。

なのに、いつも中途半端で終わったり、いつかやると
いって先延ばししたり、自分にはできないと初めからあ
きらめていないでしょうか?
そんな「逃げパターン」「負けパターン」から脱却し、
あらゆる目標を達成し続けるには、何が必要でしょう。

有名な塾に通うことでしょうか。厳しくも指導の上手
な先生や上司に出会うことでしょうか。
良質なサービスやサポートをたくさん受けられるだけ
の資金を持つことでしょうか。

一時的には、それで中間目標を達成することもあるで
しょう。
しかし、長い人生のなかでは、そういった外部サービ
スや他人に頼れないときが幾度となくおとずれます。

そんなときに頼りになるのが、どんな環境にあって
も、どんな目標に対しても、自らが己を高め、自力で道
を切り拓くことのできる力、「独学力」です。

コツをつかむことで学ぶことが楽しくてたまらなくなり、誰に言われなくても学び続けてしまう独学のエンジンを自分のなかに持つことです。

　人生を0から100に積み上げていく力です。

　私は、貧しい家庭で育ちました。

　高校時代、親は家におらず、収入はゼロ。

　しかたなく、家計を支えるために毎日アルバイトを続けてきました。

　そんな私は、自分の夢を叶えるため、1年後に独学で東大に合格するという決意を周囲に表明しました。

　高校3年生になる直前の春休みでした。アルバイトも辞め、毎月の収入は貸与型奨学金の1万4000円だけになりました。

　塾や予備校に通うことは選択肢にすらありません。

　まず、東大合格のために必要なプロセスを徹底的に分析し、自分で戦略と計画を立てました。

　すると、合格への道筋がイメージできるようになり、「0から1」ができました。

　次に、アルバイトでためた貯金と奨学金で借りているお金で、選びに選び抜いた参考書や問題集を購入して、何度もやり続けました。

　自分で立てた計画をより具体化し、毎日実践しました。高3の受験勉強スタート前には、校内400人中300位で、模試ではE判定で合格可能性「ゼロ」という状態です。

そこから、自らの戦略と計画に基づいて独学を実践し、校内で200位、100位、30位、10位と自分でも驚くスピードで上昇し、校内1位、そして県内1位の成績を修めることができました。

　1年後、独学で東大合格という夢への第一歩を果たすことができたのです。

　極貧の家庭で育ち、成績もさほどよくなかった私が、1年間の独学で東大に現役合格できたのは、いい予備校に通ったからでも、いい通信教材を使ったからでもありません。

　独学期間の1年間を通して試行錯誤するなかで、0を1に、1を2に積み上げていき、「独学の極意」をつかんだからです。

　そのときにつかんだ「独学の極意」は、その後も、勉強やビジネス、その他のどんなことにも応用できる、夢を叶えるための究極の力となっています。

　私は東大卒業後、このまま日本にだけとどまっていてはいけないと思い、世界で最高峰といわれるハーバード大学院に留学したいと思うようになりました。

　しかし、英語が大の苦手だったため、留学のために必要な英語の試験である TOEFL を受けてみると、ハーバードはおろかアメリカのどの大学院にも通うことができないくらい、愕然とするような点数しか取れませんでした。特に、リスニングでは、何を話しているのかまったくといっていいほど聞き取ることができなかったので

す。

　大学時代も親から仕送りなど一切なく、アルバイトで学費や生活費をなんとか稼いでいたので、英語のスクールや留学のための予備校に通うようなお金はありません。

　そこから、私の独学魂に火がつきました。

　それまでつかんできた「独学の極意」を、今度は英語学習とハーバード大学院受験のためにフル活用。

　最初の3ヶ月は伸び悩んだものの、その後TOEFLのスコアがグングンと伸びました。

　それまでまったく聞き取れなかった英語の会話も、耳に入るようになってきました。

　それでも、勉強を始めて半年後に願書を出した1回目のハーバード受験では、不合格の通知が届きました。

　不合格という最高の教訓を得た私は、自分に何が足りなかったのか、どこを強化すべきなのかを徹底的に研究分析し、再度戦略と計画を立て直して、再スタート。

　「独学の極意」を応用し、TOEFLのスコアだけでなく、その他の試験のスコアやエッセイ、推薦状など、あらゆる要素を改善しました。

　結果的に、第一志望のハーバード大学院に合格し、世界最高峰の大学で学ぶという、夢への第二ステップを叶えることができたのです。

　東大とハーバードを卒業し、0だった人生は、10にも

20にも積み上がり、そこから世界を見渡す視野を得ました。「世界中の誰もが学びの力によって夢を叶えられる社会をつくっていく」、私自身がそんな夢を抱きながら社会人になりました。

　日本最大の公益財団、アジア最大級の国際NGOに勤め、これまで世界30カ国以上を訪問し、病気、差別、貧困をなくしていくため、公衆衛生や人権、教育や福祉などあらゆる事業に携わっています。

　ときには、毎日の生活のために物乞いを余儀なくされている人々に寄り添いながら、ときには、各国の大統領や国連機関の幹部と交渉しながら、より良い社会の実現のために奔走しています。

　新しい奨学金制度を創設したり、大きな国際会議を世界五大陸で開催したり、国連決議や国際枠組みの採択を成功させたり、新しいベンチャー企業のような財団を立ち上げ大きな賞を受賞したりと、一つ一つ目標を実現してきました。

　大分県の片田舎から出たことがなかった少年が、いつの間にか世界で一流といわれる人たちと肩を並べて仕事をするようになっています。

　一方で、書籍の執筆やブログ、メディアでの発信、政策提言なども継続してきました。

　もともと書くことが好きだったので、本を出すことが夢の一つだったのです。

　その夢も独学によって社会人1年目で実現し、書店の

ベストセラーランキングトップ10にも入るなど、大きな反響がありました。

　そこで満足してストップすることなく、その後も「学びの革命」をテーマに継続して本を書き続け、社会人生活13年で14冊の本を出版し、これまで韓国、中国、台湾、タイでも翻訳出版されています。

　自分の人生がそうだったように、本1冊が一人の人生を変え、社会を変える力を持つ、そんな想いを持ちながら、大きな夢に向かって積み上げていく一つのステップとして取り組んでいます。

　このように社会人としても、作家としても、あらゆる目標を次々に実現できたのは、「独学の極意」をつかみ、試行錯誤しながらも「最強の独学術」として磨き上げたからです。

　独学というと、受験や試験のための勉強しかイメージがないかもしれませんが、これからの時代はそれだけではありません。人生の幅と世界をひろげるための教養的な学び、あるいは生涯を通して夢を実現させるための長期にわたる学びも、独学で解決できるのです。

　本著では、Part0で、なぜいま独学が重要なのかを紐解きます。
　時代の変化に伴って、ますます独学が必要となってくること、そして、独学力を身につけた人こそが一生成長

し、勉強でもビジネスでも成功していくことの理由を解説します。

　Part1では、目の前の受験や資格試験、語学修得などを成功させ、必ず目標を達成するための独学法を紹介します。多くの皆さんが独学といったときにイメージするものに一番近い内容で、〈独学1.0〉と称しています。

　Part2では、教養を深め人生の幅をひろげるための中期的な独学法を紹介します。マンガや小説で楽しく学ぶ「読学術」やインターネットやITの発展によって実践可能になった独学術をお伝えします。
　本著ではこれを〈独学2.0〉と称しています。

　最後にPart3では、これから変化していく未来の社会に対してもしっかりと対応し、長期的な取り組みを通して夢を叶えるための独学法を考えていきます。
　短期の〈独学1.0〉と、中期の〈独学2.0〉を、ベストなかたちで組み合わせて発展させた新しい時代の学びのスタイルです。本著ではこれを〈独学3.0〉と称しています。
　嫌いなことを他人から無理やり勉強させられるのではなく、自らのなかに自家発電の無限のエンジンを持って、一生涯続けられる独学であり、人生が楽しくて幸せになる学びのスタイルです。

　この本は2017年に出版され、長く多くの読者に手にとっていただけるよう加筆・修正を加えて文庫化されま

した。

2020年は新型コロナウイルスが世界中を席巻し、学校の長期休暇やテレワークなど、大きな変化を私たちは経験しました。

まさに「独学」を余儀なくされたわけです。独学力を持っているか否かで、大きな差が開いてしまうのがウィズコロナ時代であり、今後もその傾向は増していくでしょう。

独学がますます重要となる時代が到来しています。

本著を通して「独学の極意」をつかみ、必ず目標達成するための〈独学1.0〉、人生の幅と世界をひろげる〈独学2.0〉、そして、どんな変化にも対応し夢を叶える〈独学3.0〉を実践してみてください。

そこには、ドキドキワクワクするような学びの世界が待っていることでしょう。

あなた自身の力であらゆる目標を達成する「最強の独学術」を今日からスタートさせましょう。

CONTENTS

PART 2

教養を深めて人生の幅と
世界をひろげる

独学2.0 独学術

独学が

最強である

理由

　この本のテーマは「独学」です。

　なぜいま、「独学」なのでしょうか。

　時代は今、大きく変化しています。インターネットの普及と技術革新によって、空間と時間を越えて何かを行うことがより可能となってきています。

　加えて新型コロナウイルスの世界的感染拡大により、世界中で学校が休校になったり、仕事もテレワークになったりと大きな変化を余儀なくされました。「ウィズコロナ」「アフターコロナ」とも言われていますが、時代の変化は加速度的に、そして一気に到来してきています。

　これまでよりも、在宅で学習したり、仕事をすることが増え、社会に浸透してきたことにより、ますます当たり前になっていくでしょう。

　決められた場所で、決められた指導者に、決められた時間に、一斉に授業を受けたり、仕事を教わったりしないとできない人は、時代の変化から取り残されてしまうでしょう。

　逆に、自らが自主的に時間と空間を超越して学び続けられる人は、どんな環境でも成長し続けることができます。時代の変化、環境の変化に対応することがますます

求められる今だからこそ、独立して学ぶ力「独学力」が重要となってきています。

　一方で日本の教育現場はどうでしょう？

　コロナによる休校期間中もオンラインで双方型の授業を行なった学校はほとんどなく、諸外国よりもかなり遅れていることが明らかになりました。

　50年前と変わらず、毎日同じ教室で、定められた同じ知識を、同じような先生に教えられていたことの弊害があらわになったのです。

現在はいつでもどこでも無料で良質な授業を受けられる

　しかし、日本の学校教育と離れたところでは大きな変化のうねりが起きています。

　スマホでネット検索すれば、たいていの知識はその場で瞬時に知ることができます。

　知識を覚えていることは、あまり価値のない時代になりました。

　インターネットには、ハーバード大学やマサチューセッツ工科大学（MIT）など世界のトップレベルの大学の授業がたくさん無料で公開されています。

　自らの学ぶ意思さえあれば、いますぐにでもハーバードの授業を聴講することができるのです。

　同じくアメリカでは、「カーンアカデミー」という、主に小中高校生を対象にした数学や科学（物理、化学、生物など）、歴史、経済、プログラミングなどあらゆる

科目の授業動画を無料で観ることができるウェブサイトがあります。

　このカーンアカデミーは、2006年にサルマン・カーンという一人のビジネスマンが始めたものですが、既に世界40以上の言語（日本語含む）、190カ国で、7000万人以上（2020年7月現在）の人が学んでいるといいます。

　そのカーンアカデミーのウェブサイトにはこんなことが書かれています。

WHOEVER YOU ARE
WHEREVER YOU ARE
You only have to know one thing:
You Can Learn Anything.

あなたが誰であっても、
あなたがどこにいたとしても、
あなたが知らなければならないたった一つのことは、
あなたがどんなことも学べるということだ。（拙訳）

　学校に行かなくても、高いお金を払って塾や予備校に行かなくても、分かりやすい良質な授業を、いつでもどこでも受けられる時代が実現しようとしています。

　独学でなんでも学べる時代です。独学に適した環境は、30年前、あるいは10年前と比べてもはるかに進展し、これからますます整ってくるでしょう。

　それと同時に、必要に迫られて独学しなければならな

いという状況も、これから増えてきそうです。

　かつて経済大国だった日本は、「貧しい国」になっていく方向にあります。

　一人当たりのGDPでみると、かつて世界第3位だったのが、26位にまで下がっています。

　超少子高齢化によって、今後生産年齢人口が減り、高齢者の割合がさらに増していくので、ますます貧しい国になるでしょう。

　経済的な余裕がなければ、高額な塾や予備校に通ったり、家庭教師を雇ったりすることは容易ではありません。そんな貧困の時代でも、**一人ひとりが「独学力」を持つことができれば、塾や家庭教師は一切必要なくなり、自らの置かれた状況を打破することができます。**

　自らの意思さえあればどんなことも学べる環境が整った時代だからこそ、自分自身がいかに学ぶかということが、より試されることになります。

　だからこそ、「独学の極意」をつかむことが、これからの人生のすべてに通じることになるのです。

独学とは「ドキドキワクワクを極める」
最高の学び

　時代の変化によって、独学がこれからより必要とされるようになることを述べてきました。

大変だけど仕方ないからやるしかない、そんな厳しい印象を受けたかもしれません。

また、独学というと、孤独で暗い、つまらないイメージを持っている人も多いかもしれません。

しかし、独学を極めてきた立場からいえば、実は独学は楽しい作業だといえます。

独学の極意をつかみ、自らが好奇心と探求欲を持って、あるいは目標を持って学ぶことは、ドキドキワクワクするような興奮を伴うエンターテインメントといっても過言ではありません。

私は、独学とは「ドキドキワクワクを極める学び」だと思っています。

ドキドキの「ド」、ワクワクの「ク」、それらを極める学びこそが、「ドクガク」なのです。心臓がドクドクと鼓動するような知的興奮が最高潮に達するのがドクガクです。

他の誰に押し付けられるでもなく、自らが抱いた夢や目標を達成するための、成長のプロセスとしての学び。それはまるで、オリンピック・パラリンピックやスポーツの世界大会、全国大会を目指してトレーニングに励むのと近い感覚かもしれません。

金メダルを獲る瞬間、大会で優勝する瞬間をイメージして、自らの意思でトレーニングに励み、日々成長を実感することができれば、ドキドキワクワクするような感覚を覚えるのではないでしょうか。

独学も同じです。

　目標とする受験や資格試験の合格、語学の修得、ビジネスの成功などの夢や目標を強くイメージして、自らの意思で学び、成長を実感できれば、ドキドキワクワクするような知的興奮が伴います。

　逆に、ドキドキワクワクのない勉強は、独学の極意をつかんでいないのだといえるでしょう。

「勉強嫌い」の人こそ 独学を実践しよう

　また、本来、学びというのは、それ自体が人間にとって喜びを生じさせるものでもあります。

　人間は何か新しいことを知ったり、発見したり、分からなかったことが分かるようになったりすると、快感を覚えるようになっています。

　他の生物とは比較にならないほど、好奇心を持っているのが人間なのです。

　いままでに食べたこともないようなおいしいものを食べたり、見たこともないような絶景を見たりするのと同じように、いままで知らなかったことを知ることは、ドキドキワクワクするような楽しいエンターテインメントです。

　一方で、それを学ぶことの意味を感じないまま、強制的にこれを覚えなさいと他人から押し付けられても、楽しいどころか苦痛な作業になってしまいます。

　いくら高級料理だからといっても、お腹いっぱいなの

に食べ飽きたものを強制的に食べさせられると苦痛なの
と同じです。

**「勉強が嫌い」という多くの人が持つイメージは、知り
たい（食べたい）と思ってもいないことを覚え（食べ）
させられていることからくるのです。**

　他人から押し付けられるからではなく、自らの意思で
知的好奇心を刺激しながら学び、物事に対して「どうし
てそうなんだろう？」「なるほど！」「そうだったのか！」
と、新しく知ったり、理解したりすることの喜びを一つ
一つ感じ、自分が成長していることを実感していけば、
ドキドキワクワクするような独学になるのです。

　では、どのようにして、「嫌いな勉強」を「ドキドキ
ワクワクを極める独学」に転換させることができるの
か、その具体的な方法は本著を通して紹介していきたい
と思います。

> 「誰かに教えられたこと」よりも
> 「自ら問題を解くこと」が頭に残る

『サイエンス』誌2008年2月15日号に掲載された、米パ
デュー大学カーピック博士による研究では、「入力を繰
り返すよりも、出力を繰り返すほうが脳回路への情報の

定着がよい」という実験結果が報告されています。

　実験では、ワシントン大学の学生にスワヒリ語40単語を4グループに分けて暗記させました。

　1つ目のグループは40個を通して学習させ、40個すべての確認テストを、完璧に覚えるまで繰り返しました。

　2つ目のグループは、確認テストでできなかった単語だけを学習させましたが、確認テストでは毎回40個すべてを試験しました。

　3つ目のグループは40個を通して学習させるも、確認テストでは先に覚えていなかった単語のみを選んで行いました。

　4つ目のグループは、確認テストでできなかった単語だけを学習させ、再確認テストでも先ほど覚えていなかったものだけを試験しました。

　テストしながら覚えたグループと、先に覚えていなかった単語だけを確認テストするグループでは、記憶の定着率に大きな差が出ました。

　各グループが40個すべて覚えるスピードには差はありませんでしたが、その1週間後に再テストしたところ、1と2のグループは約80点だったのに対して、3と4のグループは約35点しか取れなかったといいます。

　1と2の共通点は、確認テストを毎回40単語すべて試験するプロセスを繰り返したことです。逆に3と4は、確認テストを先に覚えていなかった単語のみに限定しています。

この実験は、何かを覚えようと学習するインプットだけでなく、**学習した内容を実際に書いたり口にしたりするアウトプットを繰り返すことで学習内容が定着することを示唆しています。**

／　インプットだけでは成長できない　／

先生が生徒に教える講義型の授業では、先生から一方的に知識が伝達され、生徒は聞いたり、ノートをとったりするインプットの時間がほとんどです。

時々、挙手をして発表する機会もありますが、ごく限られた生徒が限られた内容しか発表する機会はありません。

一方で、**独学であれば、自分に合ったかたちでアウトプットの割合を増やしながら学びを自由にデザインできます。**

一日に1回はアウトプット型の確認テストを自分で行ったり、教科書や参考書を読んだりするインプットの時間を持ったら、問題集や小テストなどを解くアウトプットを必ず行うなどのルールを自分で決められるからです。

アウトプットをベースにした具体的な独学法は、後ほど Part1 で詳しく紹介したいと思います。

いずれにせよ、学校でも塾でも、先生に教わる形式の場合は、その性質上どうしても学習者本人は受け身のインプット重視になってしまいます。

昨今は日本の教育界でも、学習者のアウトプットをより重視したアクティブ・ラーニングが注目されていますが、教育現場ではまだまだ対応できていないのが現状です。

　これが独学の場合は、日本の教育が変わるのを待たずとも、学習者が主体になって、インプットとアウトプットを適宜選択できます。

　自分で小テストをする、問題集を解いて自己採点する、文章を要約したり評論したりするなどのアウトプットをうまく独学に取り入れることで、より効果的で定着率の高い学習が可能になるのです。

> 「指示待ち」な自分とは
> 独学で「さようなら」

　日本の教育では、唯一の正解を出せるようにすることが正しい教育と考えられていました。

　しかし、社会に出ると、答えが必ずしも一つではない問題や、はっきりとした正解のないような複雑な問題に直面することが多くなります。

　変化のスピードがはやい社会のなかで、様々なファクターが複雑に絡み合い、決して合理的とはいえない人間を相手にするとき、公式通りの正解と思われていることがうまくいくとは限らないのです。

そんなとき、自分の頭で考え抜いて、様々な要因を研究分析し、仮説を立てて実験実証し、そのうえで効果的だと思われることを実践していくというプロセスを経ていかなければなりません。

　これはビジネスでもそうですし、学術的な研究でも同様のことがいえます。こういった複雑な問題を自分の頭で考え抜くという、社会で実際に必要な力を鍛えるのに、独学はまさに適しています。

　学校で宿題が出されたから、塾でやるように言われたから勉強するという癖がついてしまうと、社会人になっても他人から指示を出されないと行動できない人間になってしまいます。

　また、適切な判断かどうか、論理的に考えたり、データで実証したり、関係者にヒアリングしたりせずに、ただ上司が言うからという理由でしか判断できず、自分の頭で考えられなくなってしまいます。

　特に変化のスピードが激しい今日においては、経験の長い上司がいつも正しいとは限らなくなってきています。

AI時代を生き残る武器こそ「独学」である

　これからの時代を語るのに欠かせないのが人工知能（AI）です。AIの発展によって、これまで人間がやってきた仕事の多くが機械にとって代わられると言われています。

英オックスフォード大学のマイケル・A・オズボーン准教授は、今後10〜20年後にはアメリカの総雇用者の約47%の仕事が自動化されるリスクが高いという分析結果を発表し、世界的に大きな反響がありました。

　実に、現在人間が行っている仕事のおよそ半分が、機械にとって代わられ、職業としては消えてなくなるのです。

　消えてなくなる職業のなかには、たとえば、レストランの案内係やレジ係、データ入力作業やチケットもぎり係などの単純作業だけでなく、銀行の融資担当者や不動産ブローカー、保険の審査担当者など知的職業と思われているものまで含まれます。

　単純作業だけでなく、知識を単純に覚えて活用するだけのものや、公式やマニュアルにあてはめて解を出すようなものは、AIによって人間よりもはるかに効率的に正確にできてしまうようになるのです。

**　学校で習うような既に確立された知識を覚えているだけでは、職業にはつながらないということです。**

　常に新しいことを学び続け、その学びから新しい発想をしたり、異なる分野のものを融合させたりするなど、より高次元で創造的なことに取り組むことこそが人間の役割になっていきます。

　厳しい言い方をすれば、**自ら学び続ける者は生き残り、そうでない者は仕事すらない、そんな時代にこれから**なっていくかもしれません。

そんな時代だからこそ、私たちにはどんな変化にも対応してサバイバルするための武器が必要です。その武器こそが独学なのです。

独学で培う力は、答えのない複雑な問題に対しても自分の頭で考え抜いて対応していくための基礎筋力だといえます。

野球やサッカー、水泳など、それぞれに必要な技術はまったく異なりますが、基礎筋力がしっかりしていると、どんなスポーツにも対応でき、逆に基礎筋力がなければどんなスポーツも伸び悩んでしまうのと似ています。

独学はいわば、変化が激しく複雑な社会に対応するための、思考力や学びの実践力を高めるための筋力トレーニングです。

きついし、一見楽しくみえないけれど、毎日の積み重ねがすべてに効いてくる重要な実践なのです。

> 勉強にもビジネスにも効果抜群の「最強の独学術」とは

独学というと、勉強ができるようになるというイメージを持つ読者は多いと思います。もちろん、勉強の成果が出ることは間違いありませんが、本著で説く「最強の独学術」は、勉強だけでなく、ビジネスの成果にも効いてくるような独学力を指しています。

社会人になると、学校で教わる機会はほとんどなくなります。

　会社が用意した研修を受けることはときどきありますが、ほとんどがオンザジョブトレーニング、つまり仕事をしながら覚えろというスタンスです。

　もちろん、上司や先輩が実践を通して教えてくれることもありますが、新しい分野や業界のことを自ら学び、修得しなければいけないことが大半です。

　そんなときにこそ、身につけていた独学力が効いてきます。どんな分野に対しても「ドキドキワクワク」するような知的興奮を見出し、いつでもどこでもすぐに自分で動いて学びを実践し、時代とともに変化していくような複雑な問題に対して自らが絶えず考え抜いて対応していく。そんな独学力こそが、あらゆるビジネスにおいても成果を出すための力になるでしょう。

地頭、戦略、時間、効率を自力で最大化する

　私は以前に、『16倍速勉強法』と『16倍速仕事術』という2つの本を書きました。

　勉強の成果も仕事の成果も、地頭×戦略×時間×効率という方程式で表せるのではないかという仮説のもと、それぞれの要素を2倍にすることができれば16倍の成果を発揮できると説きました。

　勉強と仕事では、工夫のポイントや成果のあらわれ方がやや異なる点もありますが、基本的な枠組みは共通す

る点が多いと感じています。

　本著で紹介する「最強の独学術」とは、まさにこの4つの要素を自らが伸ばせるようになるための実践法でもあります。論理的思考力や数値的な分析力、表現力などの「地頭」をよくし、先生や会社が教えてくれなくても自らが有効な「戦略」を立てられるようにし、「効率」的な勉強や仕事の仕方を工夫できるようになり、勉強でも仕事でも物事に継続的に取り組む実践「時間」を確保するコツをつかむ。

　「地頭」「戦略」「効率」「時間」の4つの要素が自然と伸びるので、それらが掛け合わされることで、勉強もビジネスもおのずとグングン伸びていくのです。

　私自身は、1年の独学で東京大学に現役合格し、その後ハーバード大学院にも1年の独学で合格しました。

　勉強ができるからといって必ずしも仕事ができるとは限らない、とはよく言われます。

　勉強と仕事が直結するかしないかは、親や教師に勉強させられてきたのか、自らが独立して主体的に学んできたのか、つまり自力をつけて実践してきたのかの違いだと思います。

　私はハーバード卒業後、国内最大の助成財団である日本財団で管理職の立場になり、年収は1年目から3倍近くになりました。初めは広報と国際事業を担当し、法人トップと世界30カ国以上を渡り歩き、国家元首や国連機関の代表者らと仕事をしてきました。

また、パラリンピックを支援する年間予算20億円以上の公益財団法人を創設し、毎日のようにメディアに取り上げられるような新規事業を次々に立ち上げ、創設2年目にして、伊調馨選手と並んで朝日スポーツ賞を受賞するなど社会的評価を得ました。

　今は子どもの貧困対策の事業を統括し、社内の人材開発の責任者も務めています。

　その仕事の傍ら、夜や早朝、移動の時間を活用して本を書き続け、本著を含めて14冊の本を著し、世に出してきました。

　雑誌やテレビなどのメディアに出たり、全国で講演会を行うこともしばしばあります。また、自身のオンラインサロンも主宰しています。実は、その間に、5人の子どもが生まれ、これまで4回の育児休業を取得しています。

　2ヶ月程度の仕事の「ブランク」が4回ありましたが、それでもキャリアアップを重ねてきました。

　起業して会社を上場させるといった派手な成果はありませんが、小さな実践を積み重ねることで、確実に仕事での成果を出し、あらゆる目標を達成し続けることが可能であることを実感しています。

　その実践の軸となってきたのが、「最強の独学術」です。

　ハーバード時代の友人や、国内外で出会ってきた一流のトップリーダーたちに共通していると感じたのも、好奇心と向学心があり、常に新しいことを学び成長し続ける「独学力」を備えていることです。

独学力を身につければ、勉強もビジネスもおのずと伸びていきます。ぜひ本著で紹介する具体的な独学法を実践してみてください。

今こそ「学び観」を
アップデートしておく

世界は今、歴史の大きな転換点を迎えています。

そのターニングポイントが、2020年であることに異論をはさむ人はいないでしょう。

70年周期説という歴史観、社会周期理論があり、既成の制度は70年で破綻し、新たな革命が起きるといわれることがあります。

たとえば、1917年のロシア革命を経て、1922年に成立したソビエト連邦は、戦後の東西冷戦、東側陣営の超大国時代をピークに、1991年に崩壊しました。

日本は、明治維新から77年で敗戦を迎えましたが、2020年には敗戦から75年が経過しました。

明治維新や戦後復興のときのように、「ガラガラポン革命」が起きるのではないかと予測していましたが、新型コロナウイルスという思わぬかたちで革命のボタンが押されました。

この革命のボタンは世界的に拡がっており、1945年の第2次世界大戦終戦からできあがった世界システムが70

年周期で大きく変動することとなるでしょう。

　新型コロナウイルスの感染拡大を第3次世界大戦と称する論調もあります。

　世界的なコロナ大恐慌が起こり、移動や一箇所に大人数が集まることを避ける「新しい生活様式」が取り入れられます。教室での大人数一斉型授業の近代工業型教育も見直されていくことになるでしょう。

　さらに、日本はこれから急激な人口減少、超少子高齢化という「見えない国家的危機」に直面します。

　2021年から先は、東京オリンピック・パラリンピックという国民的な目標もなくなります。

　見えない危機のため分かりにくいですが、ある意味、黒船が来航し開国を迫られたときのような、あるいは、戦争に負けて国家制度の大転換を迫られたときのような、未曽有の危機に直面することが予想されます。

「教育の時代」から 学習者中心の「学びの時代」へ

　この危機を「革命」の好機へと変えられるかどうかは、これからの社会を担っていく世代次第だと思います。

　そして、大激動の変化の時代にふさわしい学びを実践するには、本著で紹介する〈独学3.0〉が一つの肝になると思います。

　これからは、教師中心の「教育の時代」から、学習者中心の「学びの時代」へと、近代工業化社会の既存の教育制度そのものを大転換しなければなりません。

どんな環境においても、どんな変化にも対応して、自らが独立して主体的に学ぶことが求められます。

そして大学受験がピークで勉強が終わるのではなく、好奇心を持って独学を実践し、一生学び続けられる人が生き残り、時代をつくっていくようになるでしょう。

明治維新の激動期には、福沢諭吉が『学問のすすめ』を著し、時代を象徴する大ベストセラーとなりました。ウィズコロナ、アフターコロナの激動期の今、新しい時代にふさわしい新たな学び観の確立が必要なのではないでしょうか。

> 試験合格のための短期の〈独学1.0〉をものにして夢を叶える長期の〈独学3.0〉へ

〈短期的独学＝独学1.0〉で目の前の試験を難なく乗り越える

これからの時代の変化に対応し、勉強でもビジネスでも成長し続けるために、ますます独学力が必要になってくることを紐解いてきました。

読者のなかには、受験や資格試験、語学修得、留学など、いますぐに達成したい短期の勉強目標を持っている方もいるでしょう。

こういった勉強の短期目標達成のために、これまでは専門的ノウハウを教え、学習者に勉強させることで、お

金儲けしてきたのが塾や予備校、英会話スクールなどです。お金と時間に余裕があり、独学力をまだ身につけていない人であればそれもよいでしょう。

　しかし、**これからの時代は、そういった外部サービスに頼ることなく、どんなことでも、いつでもどこでもすぐに、しかもほとんどお金をかけずに、独学で学ぶことができる環境が整っています。**

　さらに、独学のほうが、他人に勉強させられるのではなく、自らが主体的に、自分に合った学習スタイルを実践できるので、塾よりもずっと効果的なのです。

　定めた目標期日までに、受験も合格し、資格も取得し、語学試験も目標スコアを達成し、留学も達成できます。その具体的な独学法が、Part1で紹介する〈独学1.0〉です。

〈中期的独学＝独学2.0〉で　教養を楽しく極める

　勉強の具体的な目標を独学で達成できるだけで、読者の皆さんは満足するかもしれません。

　でもそれだけでは、これからの時代の変化に対応するには十分ではありません。

　短期間ではすぐに目に見える効果が出なかったとしても、広い意味での学び、いわゆる教養を深め人生の幅をひろげるという行為が実は人生において非常に重要なファクターとなるのです。教養を深める行為とは、読書や様々な経験、自分の仕事や専門とは異なる分野からの気づきやインスピレーション、文章や創作によるアウトプットなどを指します。

いわば、5年後、10年後に芽を出し花を咲かせるための種まき＝投資としての中期的な学びです。

　これこそ、塾や予備校では決して教えてくれない、独学でしか実践できない学びです。

　ハーバードなど欧米のトップ大学では、こういった中期的に効いてくるリベラルアーツ教育を重要視して実践しています。

　一方で、日本の大半の大学は細分化された専門の研究にタコツボ化しているか、実用的なものしかやらない専門学校化しているため、こういった中期で重要になる教養をひろげ深める学びを実践できていません。

　教養というと堅苦しくて難しいイメージがありますが、実は、新しい時代に合った学びのスタイルを取り入れて実践することで、より楽しく、より効果的に、そして長きにわたって継続させられるのです。

　特に、インターネットなどの情報技術も駆使し、その特徴である双方向性も最大限に活用することから、「Web2.0」をもじって、本著では〈独学2.0〉と称しています。

　中期的スパンで教養を深め、人生の幅をひろげる〈独学2.0〉の具体的な方法をPart2で紹介していきます。

〈長期的独学＝独学3.0〉で目標と夢を叶え続ける

　短期間で集中して目標達成する〈独学1.0〉と、中期的に教養を深め人生の幅をひろげる〈独学2.0〉を、べ

ストなかたちで組み合わせて実践するのが〈独学3.0〉です。

これから日々変化していく未来の社会に対してもしっかりと対応し、長期的戦略と継続的な取り組みを通して夢を叶えるための独学法です。

多くの人は、「大学受験が終わったら嫌な勉強は終わり」といったように近視眼的な短期目標しか見えていなかったり、逆に「将来の夢は世界に出て活躍することだ」と大きな夢を描きながらも、目の前の語学や専門性の修得などがおろそかになっていたりします。

短期の戦略・戦術と中長期のビジョン・戦略を一致させ、そのうえで自らが独立して学び続けることで、確実に夢を叶えることができます。

他人から押し付けられたノルマとしてではなく、自らがドキドキワクワクを極めながら学ぶことで、一生学び続けられる自家発電の無限のエンジンを自分のなかに持つことができます。

どんな環境でも、どんな条件でも、短期戦でも長期戦でも、自力であらゆる目標を達成し続け、必ず勝利へとたどり着く力を自分のなかに持てるからこそ、最強なのです。

『最強の独学術』は、必ず目標達成する〈独学1.0〉、人生の幅と世界をひろげる〈独学2.0〉、そして、どんな変化にも対応し夢を叶える〈独学3.0〉を実践する、新しい時代のための「独学のバイブル」です。

PART 1

独学 1.0

必ず目標達成

するための

独学術

どんな試験も
必ず突破できる
〈独学1.0〉

Part1では、受験や資格試験、語学修得や留学など勉強における目標を必ず達成するための独学法〈独学1.0〉の具体的な方法を紹介していきます。

私は〈独学1.0〉を実践することで、東京大学やハーバード大学院に合格することができましたが、受験期日の1年前には、絶望的な成績にありました。

高校3年生になる前の春休みには、模試の判定がE判定の合格可能性なし。ハーバード受験前は、英語の試験TOEFLのスコアがあまりにも低く、愕然としました。さらに、頼りにできるような塾や予備校に通うお金がなく、どこからどう手をつけてよいのか分からず、最初は不安でいっぱいでした。

しかし、だからこそ、1年間の独学でどうやって合格できるのか、徹底的に研究し、実践してみたのです。

試行錯誤しながら、実際にハーバード大学院受験は一度不合格を味わい、その失敗も糧としながら、ベストな独学法を模索してきました。

独学で陥りやすい間違い、失敗の要素などについても、このPart1では触れていきます。

独学だからこそできるメリットを最大限にいかしつつ、独学で陥りやすい失敗要因を事前につぶしていくことで、どんな目標も必ず達成できるようになります。

〈独学1.0〉は、大学受験だけでなく、あらゆることに応用が可能です。
　私の場合、東大やハーバード大学院以外に、韓国語能力試験の最上級にあたる6級にも合格しました。
　韓国語で映画やドラマを観たり、日常会話のやり取りをすることができるレベルです。私はもともと無口なタイプで、語学センスがないほうなのですが、これまでの独学のノウハウを駆使して、韓国留学して半年ほどと、通常よりもはやいスピードで6級に合格できました。

　実は、このときの韓国語修得の経験が、ハーバード受験を前に、大の苦手だった英語の学習にも功を奏したのです。〈独学1.0〉は語学の修得にも役立ちます。
　高校や大学、大学院などの受験、英語や様々な語学の修得、仕事で必要となる資格試験、海外留学のための準備など、あらゆる目標に対して、お金をかけて塾や予備校に通わなくても、独学で達成させられる方法が〈独学1.0〉です。その具体的な方法を、余すところなく公開します。

目標を書いて貼り出し
持ち歩き
公言する

正しい目標設定をする

目標を達成するには、まずは正しく目標を立てることが重要です。

1つ目のポイントは、他の誰でもなく自らが目標を定めることです。

独学で最後までやり抜くためには、本当に実現したいという強い想いと意志がなければなりません。

他人から押し付けられた目標、親から言われたからしかたなく目指すこと、上司から言われて納得しないまま取り組むことは、どうしても独学では続かないのです。

心の奥底から「やりたい！」「実現したい！」「成し遂げたい！」という想いが湧き出るような目標を、自らが設定してこそ、独学で最後までやり通す力の源泉が得られます。

もちろん、独りよがりだけではいけないので、他の人のアドバイスや客観的な情報を得たうえで目標を定める必要があるでしょう。自分でも「無理かな…」と思っている目標は達成できないものです。

他者の意見や様々な情報を精査したうえで、自分のなかでも「がんばればできる」という感覚を持てたものが正しい目標です。

　また、他の人から勧められたものでも、自分自身の腹に落ちて、自分の目標になったものならばだいじょうぶです。

　これまで考えたこともなかったけれど、言われてみると、すごく目指したくなったということがあるかと思います。

　私も、ハーバードを目指したのは、他の人の一言がきっかけでした。

　そもそも英語が苦手だし、高額な留学費用を出すお金がないから無理と、現実的な目標として考えたことはなかったのですが、ある尊敬する人から目指してみないかと言われて初めて、現実的な目標として考えるようになりました。

　そこから英語の勉強や留学費用の捻出など具体的な方法を模索し始め、「がんばればなんとかなる」と思えるようになり、「他人からの勧め」が「自分の目標」に変わったのです。

毎日、目標が自分の目に入るようにする

　自らが目標を定めることができたら、次のポイントは、その目標を明確な言葉として書き出して、常に目に見えるところにおいておくことです。

心のなかに留めておくだけでなく、はっきりと紙に大きく書いて、机や自分が一番目にするところに貼り出しましょう。

　そして、外出しているときにも強く意識できるように、目標を書いたものを常に持ち歩きましょう。

　一番よく使っている手帳や、目標達成のための拠り所にしている本や参考書などに目標を書いて持ち歩くのがよいでしょう。

　私も高校3年生のとき、「東大合格」と大きく筆で書いた紙を勉強机に貼り出して、常に目に焼き付けていました。

ほどよいプレッシャーを
モチベーションに変える

　3つ目のポイントとしては、自分で立てた目標を他の人に公言することです。

　自分の部屋の机に目標を書いていても、目にするのは家の人くらいで、友達の目には触れません。

　そうすると、立てた目標も、だめそうだったらこっそりとはがせば気づかれないので、いつの間にかなかったことにすることもできてしまいます。

　あきらめそうになったときの退路を断つという意味でも、あるいは友人や周囲の人々から応援の力をもらうためにも、必ず達成すると定めた目標は公言したほうがよいのです。

　私はハーバード大学院を目指していたとき、「東大よ

りハーバードに行こう⁉」という大手語学系出版社アルクの企画でブログを実名で書いていました。

　まさに、インターネットを通して多くの人が見ているなかで、ハーバード合格という目標を公言したのです。

　公衆の面前で落ちたら恥ずかしいなという不安もありましたが、それ以上に、**公言してしまうことで自分自身にほどよいプレッシャーを与えて、モチベーションに変えていった**のです。

　留学準備も完全に独学だったため、モチベーションの維持が重要でしたが、ブログでの公言がその刺激になりました。
　自分自身が目標を定め、それを書いて貼り出し、常に持ち歩き、そして周囲の人々に公言する。
　目標達成への意志を強め、確認する仕掛けをつくることが、独学の成功を後押しします。

POINT　目標を周囲に公言することが独学成功の鍵

合格体験記、
先行事例を
徹底的に研究する

　独学で陥りやすいのが、独りよがりでやみくもな戦略性に欠けた勉強です。

　達成したい目標を定めたのなら、そのための有効な戦略を綿密に練らなければいけません。

　塾や予備校に通うと、過去の塾生たちのデータが蓄積されているので、目標達成のための戦略や勉強のペースを自分の代わりに提示してくれます。

　高額な授業料は、ほとんどそのために支払っているようなものです。

　でも、**高額な授業料を支払わなくても、独学でもっと効果的な戦略を立てることができます。**

　合格体験記や先行事例を徹底的に研究することです。

　私は、東大受験を決意してすぐに、多数の東大合格者の体験記がまとめられた1冊の本を入手し、何度も繰り返し読んで研究しました。

　どのくらいの成績だった人が、どのタイミングで、どんな問題集をどのくらいやって、成績や偏差値、模試判定の結果がどう推移して、どんな気持ちで受験にのぞみ、最終的に合格できたのか。

そういった具体的なデータが紹介されていました。

地方の公立高校に通い、塾に通っておらず、現役で合格したという、自分に一番近い境遇の人たちのデータを特に参考にしながら、東大合格者が使っていた問題集や参考書をチェックしました。

東大の二次試験の問題や点数配分の特徴も分析し、どの教科が安定的に点数を取りやすく、特に力を入れるとよいかを分析し、戦略を立てました。

平日や休日に一日何時間勉強したのかも確認し、東大合格者は、休日に8時間から12時間勉強していたという事例が多かったので、スタートの成績がよくなかった私は一日12時間から14時間勉強する決意をしました。

合格体験記を精読し、自分に照らし合わせながら分析することで、塾や予備校に頼るよりも、ずっと自分に合った戦略を立てることが可能になるのです。

成功事例をみて イメージトレーニング

さらに、合格体験記をたくさん読むことで、自然と、目標達成やそのプロセスを乗り越えるためのイメージトレーニングにつながります。

スポーツ選手もそうですが、目標をはっきりと強くイメージできることが、その達成につながってきます。

合格体験記や先行事例を反芻するようにたどることで、モチベーションを高め、イメージトレーニングが可能となるのです。

東大をはじめ有名大学の受験であれば、合格体験記が本にまとまったものが売られています。

また、司法試験や有名な資格試験も同様です。そういった本になっていないものでも、いまであればインターネット上に合格体験記が紹介され、無料で読めるものも少なくありません。

私がハーバード大学院を目指したときには、ハーバードを含めて一般的な留学ですら、対策本はあっても合格体験記の本がなかったので、

インターネットで検索して個人のブログなどを読んで参考にしていました。

それでもリアルな先行事例として参考になりましたし、実際の合格者の体験を読むとイメージが湧き、モチベーションが上がりました。

本やウェブ、あるいは実際に目標達成した人と会って話を聞き、合格体験のプロセスと戦略を徹底研究し、さらに追体験することで、現実性のある生きた戦略を立てましょう。

POINT　先行事例を徹底研究して、現実性のある生きた戦略を立てよう

手帳に目標達成日を記入して、未来の目標達成体験記を書く

　勉強の目標でありがちなのは、「いつか英語ができるようになりたい」といった、非常に曖昧なぼんやりとした目標を立ててしまうことです。

　「いつか」はいつまで経ってもきません。**達成期日を設定しない目標は、一生達成することができないといっても過言ではないでしょう。**

　目標を立てるときに必ずすべきことが、達成期日を設定し、その日を手帳やカレンダーに書き込むことです。

　いまなら Google カレンダーでもよいでしょう。

　大学受験であれば、高校3年生になると1年後は明確に受験日となるので、自動的に達成期日が設定されます。だから程度の差はありますが、受験勉強は誰もが真剣にのぞめるようになるのです。

期日がなければいつまで経っても目標達成できない

受験以外ではどうでしょう？

　取得が自己裁量にまかせられている資格試験や、語学の修得などは、いつまでに達成しなければならないという期日が必ずしも定められているわけではありません。

だから「いつかできるようになりたい」と期日を曖昧にしたまま、いつまでもできないでいるのです。

　だからこそ、自分で目標達成期日を設定しなければならないのです。独学でのぞむからこそ、自分で自分の手帳に達成日を記入するのです。

「いつか英語ができるようになりたい」ではなく、「1年後の7月1日にTOEFLの英語試験で120点満点中100点を取る」といったように具体的な目標と期日を設定します。そして、その場で試験も予約するのです。

　締め切りが決まり、本番の日程が定まってこそ、人は具体的なイメージを持って物事に真剣に取り組むスタートが切れるようになります。

　目標達成日が定まったら、次に目標達成の体験記を書きましょう。

　受験でいえば合格体験記です。「まだ達成どころか、スタートもしていないのに、体験記？」と疑問に思う人も多いでしょう。

　これは、目標達成というゴールの瞬間の喜びや、その過程における困難やそれを乗り越えていくための決意や方法を、より具体的にイメージするためのトレーニングです。

　イチロー選手が小学校の卒業文集で書いた「僕の夢」という文章は、まさに目標達成体験記の見本といえる具体的なものです。プロ野球選手になる夢を、入団する球団や契約金まで記し、お世話になった人たちに招待券を

配って応援してもらうということまで書いています。

　そして、そのプロセスである中学高校で活躍すること、その根拠となるこれまでの成績や練習量を細かい数字まで記しているのです。

　いつまでに、どのようなプロセスを経て、どういった目標を達成するか（プロ野球選手になるか）を具体的にはっきりとイメージし、それを文章に落としこめている好事例だといえます。

　一流のスポーツ選手はそうやって目標を文章化して、実際に達成しているのですが、独学においても同じことがいえます。

　いつ、何を、どのようなプロセスを経て達成するのか、はっきりと文章にして、ポジティブな強いイメージを心と頭に染み込ませたうえで、目標に向けた独学をスタートしましょう。

POINT　ぼんやりとした希望を、期日を定めた
　　　　具体的な目標にしよう

目標が
実現する
計画の立て方

　夢や目標を立てることまでできる人は多いです。しかし、その夢や目標を実現するために、具体的で現実的な計画に落として実践することができる人となると、いっきに少なくなってしまいます。

　塾では、学習者本人が計画を立てなくても、塾のサービスとして志望校合格のためのある程度の計画を立ててくれます。それに乗っかって、言われたことをやればよいという仕組みになっています。

　ただし、自分で計画を立てるやり方は教えてくれません。それでは独学が可能になってしまい、商売ができなくなってしまうからです。

　〈独学1.0〉の肝は、まさにこのプランニングにあります。期日設定した目標を必ず実現させるために、どのタイミングで、何を、どのくらい、どのように実践すればよいかの計画を立てるのです。計画といっても、期間によって様々ですが、年間、月間、週間計画を立てましょう。

　まず、**目標期日の設定は必ず1年以内がよいです**。

　最終ゴールが3年後だとしても1年後にはどこまで達成するかの中間目標を設定します。

1年後の目標達成のために、何を、どのくらい、どのように実践すればよいかを、すべてもれなく洗い出します。

　このとき、合格体験記や先行事例、対策本などを研究した分析結果に基づいて、より正確に出しましょう。

　たとえば、210ページある問題集Aを3周解いて、最後には完璧にできるようにする。

　最初の7ヶ月で1周目、次の3ヶ月で2周目、最後の2ヶ月で3周目などの計画を立てます。1周目と2周目、3周目にかける期間が異なるのは、2回目のほうがスムーズに解けたり、解説を読んで理解するために要する時間などが短くなるからです。

　これをすべて必要な科目や要素などにおいて、プランニングします。210ページある問題集Aを7ヶ月で解くという大まかな年間計画が立てられたら、これをさらに分解します。

　すると、1ヶ月で30ページ進めるペースが必要ということが分かります。

　他の要素との兼ね合いや、1週間のうちに使える時間配分にもよりますが、仮に毎日均等に進めるとすると、1ヶ月で30ページなので、一日1ページやれば実践できるということになります。

　これが平日は少なめで、土日に集中したいということであれば、平日は月水金にそれぞれ1ページずつ、土日は2ページずつ進めて、1週間で7ページという週間計画も立てられます。

自分が使える時間と、実際に問題集などを実践するのに要する時間を計算し、現実的で確実な計画を立てることです。

　そして、年間計画から、四半期（3ヶ月）計画、月間計画、週間計画と、目の前のやるべきことを落としこみます。週間計画まで立てられたら、今日やるべきこと、明日やるべきことが分かります。

　今日やるべきことをしっかりと確実に実践し、それを毎日積み重ねて365日継続することで、目標は必ず実現できるのです。

　もちろん、毎日の実践のなかで、計画に無理があったり、逆に余裕を持たせすぎたりしていたと分かることがあります。

　実践しながらフィードバックを繰り返して、年間計画や月間計画をより精密に、現実的に更新していくことも必要です。

　年間計画や四半期計画を立てることは、企業の経済活動では当たり前にやることですが、勉強では大半の人が実践できていないのではないでしょうか。

　当たり前のことをしっかりと確実にやることで、独学の成功率は格段に上がるのです。

POINT　1年間でやるべきことをプランニングで
　　　　今日のタスクに落としこむ

勝手に独学が
習慣化する
「仕掛け」をつくる

　綿密な計画を立てられたら、いよいよ実践です。

　独学を実践するうえで、大切なポイントはなんでしょう？

　それは、習慣です。

　毎日、毎週、同じ時間に同じことをやるようになれば、人はそのことを苦痛なくやれるようになります。嫌だなと思ったり、調子が乗らないときでさえ、毎日繰り返していることであれば、自然と体が動くようになっています。

　たとえば学校の場合は、どんなに勉強が嫌いでも、授業の時間は決まっています。

　チャイムが鳴れば、教室の席に座り、先生の授業を受けるという習慣は、誰でも実践できています。

　小学1年生のときは、これを徐々に4時間とか5時間でやりますが、小学校高学年、中学生、高校生になるにつれ、時間も増えていきます。

　そして、その習慣は誰でも実践できるようになっています。でも、授業を受ける習慣はできていますが、それ以外の時間は個人任せです。

それぞれが自由に使える時間なので、部活や遊び、テレビを観る、スマホをいじるなど、それぞれの別の習慣ができているのです。

／　　シスターがいつも祈り続けるのは　　／
／　　　　　　○○だから　　　　　　／

　独学を実践し続けるためのポイントは、学校のチャイムのように、毎日、毎週、同じ時間に同じように勉強することで、それを習慣化することです。

　これを理解するうえで、面白い逸話があります。
　キリスト教カトリックの修道女で、新人メンバーの訓練と監督を任されているシスターが、新入生たちに向かってこう質問します。
「私たちは、なぜ祈るのでしょうか？」
　若い修道女たちが、「神を愛し、毎日崇拝したいと願っているから」「悩み多き精神を静めるため」「感謝を表し、許しを求めるため」などと答えます。

　しかし、シスターは「どれも正しいけれど、それは私たちが祈る理由ではありません」と話します。
　そして、**「私たちが祈るのは、鐘が鳴るからです」**と答えるのです。
　修道女たちはどんなに辛いときも、特に何も考えていないときも、神に感謝を表したいときも、どんなときでも、鐘が鳴るから礼拝堂に集まり、祈ります。
　毎日同じ時間に鐘が鳴り、鐘の音が聞こえたら、礼拝

堂に集まり、祈るという習慣ができているのです。

　その習慣がなければ、祈るときもあれば、祈らないときもある、そして徐々に祈らなくなってしまうことになるでしょう。

　独学においても同じです。

　たとえば、食事前には必ず1時間勉強すると決めます。1時間勉強しないとご飯を食べられないので、最初はいやいやでも勉強するようになります。

　その「勉強＋ご飯」というセットを繰り返していくと、毎食ご飯を食べるのが習慣になっているように、勉強も当たり前の習慣になっていきます。

　電車やバスの移動時間に単語帳で暗記をするといったことも、毎日同じ時間に同じ場所で繰り返せば、当たり前のように続けることができます。

　これまでスマホをいじっていたり、ボーっとしたりしていた習慣を、移動時間＝単語帳という行動習慣にすることで、当たり前に継続できるのです。

　「鐘が鳴る」タイミングやポイントを、毎日の生活のなかにたくさん組み込むことで、独学は習慣化し、継続できるようになるのです。

POINT　習慣化の「仕掛け」をつくって勉強を当たり前にしよう

簡単すぎず難しすぎない「ちょうどよい」ハードルを設定する

　独学で陥りやすいのは、いきなり背伸びをしすぎた難しい問題に挑戦して、挫折してしまうことです。

　人間はまったく分からないことに対しては興味を持ちにくいため、勉強も進まないのです。

　とはいえ、簡単すぎることを繰り返しやっていても、進歩がありませんし、すぐに飽きてしまいます。

　心がけるのは、簡単すぎず、難しすぎないちょうどよい問題集を解くということです。

　たとえば、大手学習塾の公文式は、一人ひとりの能力に応じて、楽にできることから始め、少しずつ難易度を上げていく「ちょうどの学習」を謳っています。

　講師が生徒に一斉に教える方式ではなく、自学自習方式を採用する公文式だからこそ、独学へのヒントがあります。

ちょうどよいハードルを設定する秘訣

　ちょうどよい学習を知るためには、まずテストを受けて自分の実力を正確に把握することです。

たとえば、英語学習であれば、TOEIC や TOEFL を実際に受けてみることです。

　本番の試験をすぐに受けられない場合は、市販の模擬試験や公式問題集を本番さながらに解いてみます。

　すると、どのパートがどのくらいの正答率なのかが分かります。TOEIC では、リスニングやリーディングそれぞれに目標点数別の問題集があるので、自分の実力にあった問題集を選びます。

　このときのポイントは、問題集を解いてみて、まったく手が付けられない問題なのか、部分的には分かるレベルなのかを判断することです。

　部分的にでも分かるレベルであれば、解けるものは解いて、どうしても解けないものは飛ばして解答・解説を読みます。

　解いたものは正解なのか間違いなのかをその場ですぐに丸付けして、解説を読み、フィードバックを得ます。独学のメリットはこのフィードバックをすぐに得られるところにあります。

　塾や学校の宿題で出されたものは、解答や解説のフィードバックがその場で得られないので、集中力や記憶が途切れる要因になってしまいます。〈独学1.0〉では、自己フィードバックをすぐに受けることができるので、ちょうどよい学習を設定し続けられるのです。

　上記のように、問題を解き、自分で丸付け、解説読みを繰り返し、問題集の実践を重ねていくにつれて、正答

率が4割から6割、6割から8割、8割から9割と徐々に伸びていけば、ちょうどよい学習だといえます。

　安定的に9割以上解け、すべて理解できるようになったら、よりレベルの高い問題集へとステップアップします。

　受験勉強や各教科の問題集でも、必ずレベル別になっています。その問題集が自分の実力に対して、少しだけ上のものであるか注意して選びましょう。
　難易度が高すぎてまったく進まないようであれば、レベルを下げて基礎的な問題集を解くことを薦めます。

POINT　まずは試験を受けて自分の実力を知り、ちょうどよい問題集を見つけよう

得意分野を
伸ばして
ロケットスタート

三日坊主という言葉があります。

せっかく決意して何かを始めても、三日も続かずに終わってしまうということですが、多くの人が実際に経験しているので、そんなことわざがあるのでしょう。

これまで独学で何か勉強を始めようと思ってきた人も、三日坊主に終わってしまったことが多いのではないでしょうか？

それは、〈独学1.0〉を実践していなかったからです。独学を継続させるうえで、特にスタート時のコツがあります。調子を整え、勢いをつくることです。

運動をするときも、準備体操をしますね。ストレッチをして、ランニングをして徐々に体を慣らします。

そうして、身体と心の調子を整えて、激しい練習や試合にのぞめる体勢をつくります。そして、苦手なことをする前に、まずは好きなことをするとモチベーションが上がって、練習に勢いがつきます。

野球であれば、厳しい千本ノックをいきなりやるよりも、バッティングで自分の得意な球を打って調子を上げると、練習に勢いがつきます。意図的にバッターに打た

せる球を投げる打撃投手（バッティングピッチャー）がいるのはそのためです。

〈独学1.0〉も同じ手法を使います。

まずは、先に書いたように、合格体験記を熟読したり、プランニングをすることで、**独学のウォーミングアップをしたうえで、実際に勉強し始めた出だしは得意なもの、好きなものから始めるのがよいです。**

私は数学の問題を解くのが好きだったので、受験勉強を始めるときは、まずは数学から着手しました。

これまで習った分野のなかでも、自分が得意だったところから、問題集を解き始めたのです。

問題集もいきなり東大入試レベルのものではなく、基礎問題、標準問題を中心としながらバランスよく応用問題も入っているものを選びました。

具体的には、『チャート式』という問題集のなかの青チャートといわれるものです。

チャート式には、難易度別に、白、黄、青、赤と表紙の色が異なる問題集があり、自分に合ったレベルに取り組むのがベストです。

私の場合、難しすぎる赤チャートや東大受験生がよく使う『大学への数学』は最初は避けましたが、中学レベルや高校数学の基礎はある程度できていたので、青チャートを選んで取り組みました。簡単すぎず、かといって難しすぎず、自分が好きなもので、「ちょうどの学習」を選んで実践したことで、苦痛なく、勉強モードに入るエンジンをかけることができました。

そして、いよいよ「受験勉強」を本格スタートさせたというポジティブな実感を得ながら、ロケットスタートを成功させたのです。

　逆に、苦手で嫌いな教科を中心に勉強をスタートさせていたら、三日坊主になっていたかもしれません。

　当時の私は、英語や古文など暗記が中心になる教科は好きではなかったので、勉強も乗り気にはなれませんでした。

　受験勉強をスタートさせたばかりのときは、嫌いなものは少しだけ後回しにしたり、短時間にしたりすることで、勉強＝嫌なものというイメージをなるべく取り除いたのです。

　独学のスタート時には、勉強に対するネガティブなイメージを極力取り除き、ポジティブなイメージを自分の脳や身体に強く意識づけることが大切です。

　まずは、背伸びして嫌いなものをするのではなく、自分が一番好きで得意なものからスタートさせましょう。

POINT　得意なもの、好きなものから勉強を始めよう

「やらないことリスト」を
つくり
キッパリやめる

　勉強の成果を出すのにどうしても欠かせないのは、勉強時間です。

　戦略的で効率的な勉強は重要ですが、さらに成果を確実に出すには、時間の確保が必要なのです。

　世に出回っている勉強法は、その点を曖昧にしているものも多いですが、私ははっきりと勉強時間を増やすことの重要性をお伝えしています。

　たとえば、私が東大合格に向けて受験勉強しているとき、一日12時間から14時間勉強をしていました。学校が休みの日は、食事と家事、入浴と睡眠以外は一日中勉強時間にあてていました。

　ただし、一日14時間の勉強がすぐにできるようになったわけではありません。私は受験勉強を始めるまで、テスト直前以外は宿題をやるかやらないかぐらいだったので、一日の勉強時間が0分から30分ほどでした。

　それをどうやって一日14時間まで増やし、またそれを受験勉強期間の1年間続けられたのでしょうか。

　独学で勉強時間を増やすのにもポイントがあります。

　まずは、「やらないこと」を増やして、余白時間をつくることです。

一日の時間は24時間と決まっているので、どうしても限界があります。

　一日のうちに、これまでの習慣や惰性でやってきたけど、よくよく考えるとやらなくてもよいことがあるなら、それをきっぱりやめるか、減らしていきましょう。

　そのために、「やらないことリスト」をつくってみましょう。

　私の大学受験のときは、それまで1年半続けてきたアルバイトをきっぱり辞めました。

　家計を支えるためには必要なことではあったのですが、たとえ食べるものや着るものを我慢してでも受験に集中しようと思い、決断したのです。

　すると、それまで一日5時間、ほぼ毎日アルバイトをしていたので、その時間がぽっかりと空くようになりました。

　その余白時間が、勉強に活用できる時間になったのです。

　アルバイト以外にも、学生であれば部活やサークルなどもあるでしょう。

　何かをやめるという選択は難しい決断ではありますが、1年後に目標を確実に達成させるためには、必要なことかもしれません。

　これらは「やらないことリスト」としては大きな決断になりますが、それ以外にも、ゲームをやめる、スマホでSNSを使うのをやめる、毎日飲み会に行っていたのを減らす、なども考えられます。

これまでの毎日の生活を振り返り、必ずしも優先順位が高くないものを、「やらないことリスト」として明文化します。

　特に最近では、スマホの利用が一日の時間の大半を占めている場合が目立ちます。

　スマホを保持する小中高校生のスマホ平均利用時間は、一日3.6時間という調査結果が出ています。

　特に、高校生では女子が6.0時間、男子でも5.1時間にものぼります。（デジタルアーツ株式会社調査2020年4月7日）

　一日平均約3時間、女子高生であれば6時間のスマホ時間をキッパリやめることができれば、それだけ勉強にあてる時間を確保することができるのです。

　もちろん、友達とのSNSでの会話をなくしたくないという人も多いでしょう。その場合、**SNSをやる時間帯を一日30分だけに決めておく、移動のスキマ時間だけにして、勉強時間中はスマホをマナーモードにし、通知が鳴らないようにしておくなどのルールをつくることで、無駄な時間を少なくすることができます。**

　私が高校生のときにはスマホなどありませんでしたが、大学受験の際には、「やらないことリスト」として無駄にテレビを観ないことを決めました。

　それまで観ていたドラマやアニメ、バラエティなどはキッパリと観るのをやめ、一番好きだったスポーツニュースを一日15分だけチェックすることに留めました。

スポーツニュースは時間が決まっているので、その時間帯だけテレビの電源をつけるというルールをつくれば、だらだらとテレビを観続けなくなります。

　ほかには、音楽では「ザ・ブルーハーツ」が好きで毎日のように聴いていたのですが、聴き始めると興奮して止まらなくなってしまいます。

　そこで、2週間に1回、1時間だけ、部屋を閉め切ってブルーハーツのCDを大音量で流し、自分も思いっきり歌うというルールをつくりました。

　それ以外の時間は音楽を聴かない、という「やらないことリスト」に入れました。

　それでも2週間に1回のブルーハーツ大独唱会がストレス解消と、ポジティブな気持ちを高める時間になるので、メリハリのある生活になりました。

　「やらないことリスト」を増やし、**やらなくてもよいことをキッパリやめる、もしくはしっかり減らすことで、勉強のための余白時間が確保され、勉強時間を現実的に増やすことができるのです。**

POINT　「やらないことリスト」を作り、無駄な時間を有意義な時間に変えよう

徐々に無理なく
独学時間を
増やす

　独学時間を増やすための次のポイントは、徐々に無理なく、心身を慣らしながら勉強時間を増やしていくことです。私の場合も、受験勉強を開始した当初、一日の平均勉強時間が30分だった状態から、いっきに一日14時間勉強できるようになったわけではありません。

　勉強時間を少しずつ増やしていったのです。これまでの経験として、テスト直前の休日に一日5時間まで勉強したことはありました。その経験に基づいて、一日5時間していたアルバイトも辞めたので、まずは一日5時間勉強からスタートしました。

　先に述べたように、まずは簡単すぎず難しすぎないちょうどのもので、さらに自分が好きな数学などから始めました。そして、一日の勉強時間を計りながら、勉強時間を増やしていくこと自体を目標にしたのです。

　5時間から5時間半、6時間、6時間半、7時間、8時間と増やしていきました。ちょうど受験勉強開始の時期は春休みだったので、毎日続けることができました。

　この時期は同時並行で合格体験記を何度も読んで、合格のための戦略を練ったり、問題集や過去問を買うため

に本屋に行ったりするのにも時間をかけていました。

　徐々にモチベーションを高め、勉強への姿勢やリズムをつくっていったのです。

　外出して本屋で受験コーナーに行くことが、まだ慣れていない勉強漬けの生活に刺激を与えてくれ、ちょっとした気晴らしになりました。

　また、この期間に「やらないことリスト」の洗い出しをして、テレビをだらだらと観る習慣をやめたり、近くの古本屋でマンガを立ち読みするのをやめたり、音楽も定期的に決めた時間のみに聴くようにしました。

　やらないことを増やしていくことで空いた時間を、勉強にあてていきました。

勉強時間を少しずつ増やす「独学ストレッチ」をする

　そうして2週間ほどかけて、勉強時間を徐々に増やしていくことで、最終的には一日12時間から14時間の勉強ができる心身と習慣を身につけられたのです。

　頭と心と身体に無理のないように、「独学ストレッチ」をしながら、モチベーションを高めつつ、勉強時間を少しずつ増やすことが〈独学1.0〉のポイントです。

　春休みの間に、この一日12〜14時間独学を習慣化することができたので、学校が始まってからも休日は14時間、学校のある平日は7時間授業（うち6時間が教科の勉強）に加えて、家では6〜7時間ほど勉強に打ち込めるようになっていました。

一度習慣化してしまえば、初めてやるときよりも大変さはなくなります。

　人は経験したことがないものは、想像もできないし、初めから無理だと決めつけてしまいがちですが、**一度経験しそれが習慣化されれば、さほど負荷なく続けることができるもの**です。

　やらなくてもよいことをやめて時間を確保し、そのうえで、心身を慣らしながら徐々に勉強時間を増やしていくことで、それが毎日の習慣になります。

　十分な勉強時間を確保する習慣ができれば、目標達成への〈独学1.0〉高速道路が整備されたことになります。

POINT　独学初期は勉強時間を少しずつ増やすことを目標にしよう

「ルーティーン」で集中力を引き出すスタイルをつくる

　一日14時間勉強といった話をすると、時間さえたくさんやればよいというように、量ばかりを気にするかもしれません。

　しかし、勉強の成果を上げるには量と質の両方が重要です。集中力を保ち効率的な勉強をしながら、なおかつ時間を確保するのです。

　それには、**時間を区切って、自分のスタイルに合った「ルーティーン」を確立すること**が効果的です。

　辞書では、ルーティーンとは、決められた一連の動きとあります。イメージしていただきやすいのは、スポーツ選手のルーティーンです。

　ラグビーの五郎丸選手がキックをする際や、イチロー選手が打席に立つ際に必ず決まった動きをします。

　そうすることで、最高の集中力を引き出し、望み通りの結果を出すための行動を習慣化しているといわれています。

　これは勉強にも役立つ手法です。

　学校では毎日教室で、同じ時間にチャイムが鳴り、授業が始まります。

どんなに勉強が嫌いな生徒でも、その習慣に合わせて、授業にのぞむことになります。

　学校に行けば、一日6時間は勉強する時間があるわけです。これも一種のルーティーンです。

　とはいえ、最高の集中モードに入れているかといったらそうではない場合が多いです。先生の話をなんとなく聞いて、板書をノートに写しているけれど、頭に入っているのは3割程度かもしれません。

1回のルーティーンで集中力を1時間保つ

　〈独学1.0〉では、最高の集中力を引き出すためのルーティーンを実践します。かといって、長時間の勉強をぶっつづけでやって、集中力が続くことはありません。

　人間の集中力が保てるのは、だいたい1時間です。その1時間ほどの集中力のスイッチを自然に引き出すための独学ルーティーンを、自分のスタイルに合ったかたちでつくります。

　そして、そのルーティーンを、毎日の生活のなかで、何度も繰り返し行います。1時間集中ルーティーンの間隔を段々と狭めていくことで、一日12回繰り返せるようになれば、一日12時間集中して勉強することができるようになります。

　毎日同じ時間、同じ場所で、同じやり方で集中して勉強するという一連の動作が習慣化されるので、毎日継続

することができるようになるのです。

　たとえば、以下のようなルーティーンが考えられます。

- スマホの電源をオフにする。
- 「○○合格」と机に書き出した目標を見つめて、3回唱える。
- 週間計画書を確認して、これからやる勉強が、何時間で、どの問題集を、何ページやり、どういった正解率を目標にしているかをチェックする。
- その時間に行う、参考書や問題集、ノート、筆記用具などを机の上に用意する。
- 目をつぶり、3回大きく深呼吸して勉強スタート。

　あらかじめ定めた問題集のページ数が終われば勉強時間終了とするか、もし早めに終われば定めた時間（1時間など）内で進められるところまで進める、などのやり方で、終了の仕方も決めていきます。

　重要なのは、勉強に集中した時間が終わったあとの休憩時間です。

　休憩時間にもルーティーンをつくっておかないと、だらだらと休んでしまい、次の集中に入れなくなってしまいます。休憩の仕方も、たとえば、コーヒーを一杯だけ飲む、チョコレートを3粒食べる、スマホでメールやSNSを10分間だけチェックする、といったようにやることと時間を定めておきます。

もちろん、心身が休まるように自分の好きなことをやり、がんばった自分へのご褒美として位置づけられるものでだいじょうぶです。

　よくある間違いは、眠いからといって時間を定めずにベッドで寝るという行為です。

　疲れた状態でふかふかのベッドで休めば、いつの間にか2時間、3時間昼寝をしてしまっていた、ということもあるでしょう。

　そうなると、かなりの時間のロスになってしまいます。

　眠たくなってしまった場合は、15分なら15分と時間を定めてアラームを設定し、深い睡眠に入りやすいベッドや布団ではなく、床で寝るか、机にうつぶせになって寝ます。

　それでも一定時間休めば眠気が覚めるものです。

　休憩時間にもメリハリをつけ、自分のスタイルに合わせて、オンとオフの両方のルーティーンを確立しましょう。そうすることで、一日の間に何度でも集中できる独学習慣を定着させられるのです。

POINT　オンとオフのルーティーンを確立する

最高の集中力 「フロー状態」に入る 最適な方法

　集中が極度に高まり、時間の感覚がなくなるほど没頭する状態のことを「フロー」（または「ゾーン」）といいます。心理学者のミハイ・チクセントミハイが提唱した概念で、心理学やスポーツ科学、ビジネスなどでも使われるようになっています。

　一流のスポーツ選手や芸術家がよくこのフローに入ることがあるといわれていますが、**勉強においても集中力を極度に高めてフローに入ることは可能**だと思います。

　実際に、私が一日14時間勉強していたときは、まさに食べることも忘れて没頭するくらい極度に集中していました。

　チクセントミハイ氏は、フローに入る7つの条件を以下のように述べています。

1）目標が明確で自分が何をしたいのか分かっている。
2）ただちにフィードバックが得られる。
3）何をする必要があるか分かっていて、状況や活動を自分がコントロールできるという感覚を持っている。

4）スキルと挑戦のレベルのバランスがよく、難しくても可能なものである。
5）時間の感覚が消失する。
6）自分自身のことを忘れてしまう。
7）取り組みに本質的な価値があり、自分はもっと大きな何かの一部であると感じられること。

　実は、これらのフローに入る7つの条件の大半が、まさに〈独学1.0〉のポイントでもあります。

　目標を明確にすること。目標達成に向かって戦略と計画を立てて、自分がいま何をすべきであるかを明確に理解すること。

　問題集を解いて丸付けして、解説などを読むことで、すぐにフィードバックを得ること。難しすぎず簡単すぎないちょうどの学習を実践することなどです。

　さらにいえば、独学だからこそフローに入る条件がそろいやすくなるのです。

　時間の感覚や自分自身のことを忘れるほど没頭するには、周りに先生や友人、他の人がいないほうがよいに決まっています。

　静かに一人でいる環境だからこそ、集中のスイッチが入ったときに、我を忘れて集中することができるのです。

　フローに入った状態のときは、チャイムが鳴ったり、時間終了の合図もいりません。1時間で区切らなくても、集中が続く限り勉強を続けてもよいのです。

そんなこといっても、そんなに集中力が続いたことなんてない、フローに入る感覚が分からない、という人もいるかもしれません。勉強ではそうかもしれませんが、自分がすごく好きなことに没頭しているときのことを思い出してみてください。

たとえば、好きなマンガを全巻読破するために徹夜してしまった、なんてことはありませんか。あるいはゲームにはまって、ぶっつづけで8時間やって親に怒られたとか。絵を描くのが好きで一日中描いていても飽きないという人もいるでしょう。

それらは、極度に集中したフローに入った経験かもしれません。

その集中した感覚を勉強にも応用させることです。

好きなもの、得意な教科で、ちょっと難しいけどがんばれば解ける問題を一つ一つクリアして、自分の経験値を上げ、得意技を磨き、ゴールに向かってどんどん次のステージに進んでいく、そんなゲーム感覚を覚えながら没頭することです。

その域まで達することができれば、独学がドキドキワクワクを極めた最強の楽しい学びになっているでしょう。

POINT 好きなことに没頭するようにフロー状態をつくろう

通学・通勤・スキマ時間を最大限に活用する

　学校や塾と異なり、独学は思いついたらいつでも始められます。独学力が身につけば、通学や通勤、朝やちょっとしたスキマ時間を最大限に活用して勉強にあてることができます。

スキマ時間用の独学メニューを用意する

　スキマ時間をフル活用するために重要なポイントは、短時間でもできる効果的な独学メニューを用意し、さっと始められるように常に準備しておくことです。

　たとえば、よくある例であれば英単語の暗記です。英単語帳を机にしか置いていないと、机の前に座ったときしか取り組めません。逆に、単語帳を常に肌身離さず持ち歩いていると、移動時間やちょっと空いた時間にも取り出して暗記する時間を持てます。

　また、「5分空いたら英単語を5個覚える」などの、スキマ時間独学メニューをあらかじめつくっておくと、時間が空くたびに反射的に実践することができます。

　短時間であれば単語や用語などの暗記にあてるメニューを用意しておくのがよいでしょう。

一方で、大都市圏の社会人や学生の場合、通勤通学時間は長いのだけど、満員電車で単語帳を開ける環境にない、という方もいるでしょう。

　最近であれば、単語帳を持たなくても、英単語学習に使える便利なスマホアプリもあります。スマホであれば片手で操作できますし、スキマ時間にスマホをいじる感覚で、単語アプリに取り組むのもよいでしょう。

　また、語学のリスニング対策として、イヤホンで英語や語学のリスニング教材を聴くのもよいです。満員電車で立ったままでも音声に耳を傾けるだけなので、苦痛なく独学が実践できます。

　私がハーバード大学院を目指して英語の勉強に取り組んでいたときは、一人で食事をしている時間や歩いて移動している時間にも、イヤホンを耳につけて英語のラジオやリスニング教材を常に聴いていました。

　極端なときは、寝ている間ですら、英語を流しっぱなしにしていました。さすがに、英語で悪夢をみたりすることもありましたが、そのくらいスキマ時間をフル活用していたのです。スキマ時間をつくり出して、いかにフル活用するかは、〈独学1.0〉を成功させる鍵になります。

| POINT | スキマ時間をフル活用する短時間独学メニューをつくろう |

朝時間は
独学の
ゴールデンタイム

　もう一つ、お薦めしたいのが朝時間です。現代人は夜
型の人が多いと思いますが、朝起きてから、朝食前の早
朝の時間は意外に集中力が高まる時間です。

　楽しいテレビもやっていなければ、SNSもほとんど
投稿やメッセージがなく、静かな落ち着いた時間帯で
す。

　私は、社会人になり、特に子どもができてからは、早
朝の時間をフル活用するようにしています。

　というのも、子どもを夜寝かしつけているときに一緒
に眠くなってしまい、そこから目を覚まして夜に勉強
モードに入るのが難しいと感じたからです。そうである
なら、子どもと一緒に夜は早く寝てしまい、その代わり
に朝早く起きることで、朝のまとまった時間を勉強や読
書、執筆の時間にあてることにしたのです。

　夜の会食が入るときや、残業で遅くなる日も、疲れて
帰ったあとに勉強モードに入るのは体力的に大変です。
**疲れている夜に無理をして励むより、睡眠をとって体
力を回復させたほうが、心身がリフレッシュした状態で
独学にのぞむことができます。**

集中を邪魔するものもないので、「フロー」に入りやすいです。

　まさに、独学のゴールデンタイムです。

　早寝早起きが一度習慣化されると、必ず朝は目が覚めます。夜に勉強したり、執筆したりすると、ついつい深夜まで夜更かししたり、徹夜したりしてしまいます。1日や2日であればそれでもよいですが、体をこわしては長続きしません。

　一時的に無理をしてがんばっても、結局は習慣化できないのです。

　逆に早起きが習慣化されれば、独学時間を自動的に確保できるのです。

朝時間だけで大学生の授業時間を越えた

　私は毎日、5時に起きて最低朝1時間、通常は2時間、勉強や執筆活動に時間をあてています。

　特に明確な目標を立てて集中しているときは、さらに早く朝4時頃に起きています。

　そうすると、朝だけで一日3時間も独学時間を捻出できます。**朝1時間を続けるだけで年間365時間になります**。これは、一日10時間の勉強を36日間、つまり夏休みをほぼまるまる勉強したのと同じ時間です。

　夏休みは「受験の天王山」といわれていますが、それと同じくらいの独学時間を、朝1時間を続けるだけで実践できるのです。

私が社会人生活13年間で、仕事で成果を出しながらも、5人の子育てにも手を抜かず、14冊の本をコンスタントに書き続けられてきたのは、朝の独学ゴールデンタイムを習慣化させ、継続し、コツコツと積み上げてきたからです。

　13年間でおよそ7000時間は朝の独学を実践してきました。ちなみに、大学の卒業に必要な単位数は124単位で、1単位あたり必要とする学修時間が45時間とされているので、大学卒業に必要な学修時間の合計は124×45=5580時間です。

　このうち講義時間は通常1単位あたり15時間で、残りの30時間は予習復習や課題、研究などの時間なので、大学4年間の講義時間は1860時間、その他の自主学習の時間が3720時間です。日本の大学生は、講義の時間以外あまり勉強しないので、実際には4年間の学習時間は3000時間くらいなのではないでしょうか。

　私の朝時間だけで、普通の大学生が4年間に勉強する倍近くの時間を独学してきたことになります。

　朝、いつもより1時間早く起きることを習慣化するだけで、人生に大きな違いをもたらします。最初は30分だけでもよいです。ぜひ朝の独学ゴールデンタイムを実践してみてください。

POINT　早起きを習慣化して、最高の独学時間を確保する

1ヶ月で
英単語4000個
覚えた暗記術

　勉強するなかで、暗記力をつけたいという人は少なくないでしょう。せっかく勉強してもすぐ忘れてしまう。記憶力があれば、もっと勉強の成果が出るのに、と思っていないでしょうか。記憶力はもともとの頭のよさだけで決まってしまうと考えている方も多いでしょうが、**記憶を定着させるための暗記力は、工夫次第で上げることができます。**

暗記は五感を使って行おう

　暗記のコツは五感をフル活用することです。

　目で見て、口でしゃべって、耳で聞いて、手で書いて、イメージを想起させながら覚えると記憶に定着しやすくなります。

　ただ、単語帳の文字を眺めて目で見て追っているだけよりも、その単語を声に出して話して、その自分の声を聞いて、紙に繰り返し書いて覚えるほうが記憶に残りやすいです。さらに、その単語の挿絵などが一緒に入っていると、イメージを想起しながら記憶できるので定着しやすくなります。

単語帳などに挿絵がなくても、自分の頭のなかでそのイメージを浮かべるだけでも効果に違いが出てきます。

じっくり1回よりも 「繰り返す」ことが重要

もう一つの暗記のコツは何度も繰り返すことです。

よくある暗記の勘違いは、一度ですべてを100%覚えようとしてしまうことで、一つに時間をかけすぎてしまい、繰り返しができなくなってしまうことです。

短期記憶と長期記憶の違いについては、聞いたことがある人も多いと思います。

人間の脳には一時的にその情報を保存するための記憶装置があり、そこに保存されたものを短期記憶といいますが、しばらくすると忘却してしまいます。

一方で、脳の別の部分には、その情報が繰り返されることによって重要な情報であるかを判断し、長期記憶に移すという機能があります。

この脳の特性のために、暗記作業は一度きりですべてを完璧に覚えようとしても、数週間もすると忘れてしまいます。数日間のみ短期記憶に保存できたとしても、長期記憶には残らないのです。

逆に、1回で完璧に覚えられなかったとしても、何度も繰り返してその情報をインプットするほうが長期記憶に定着しやすいのです。

私はハーバード大学院の受験のために、GRE（Verbal）

というアメリカ人が受ける試験でハイスコアを出すために、アメリカ人でも難しいような超難単語4000単語を1ヶ月で記憶したことがあります。

その方法は、**1ヶ月間で4000単語をじっくり1回で覚えきろうとするのではなく、暗記作業を7回以上繰り返すことで成功させました。**

つまり、1周目は一日400単語の暗記を10日間行います。単語の意味が分からなかったものにチェックをして、それらを暗記するように五感を駆使して覚えます。

そのとき、完璧にすべてを覚えられなくても、テンポよく次のページに進みます。

じっくりやりすぎると、到底一日400単語もできないからです。

10日間で4000単語を1周できたら、次に7日間で2周目を行います。1周目で短期記憶に保存したものでも、2周目には忘れている単語も多いです。

2周目でも意味が出てこなかったものに2回目のチェックを入れます。ただ、記憶が残っている単語もそれなりにあるので、1周目の1回目のチェックよりも数が少なくなります。

したがって、暗記作業を行う時間は、1周目よりも少なくすみます。

1周目は一日400単語で10日間かかったものが、2周目は一日580単語で7日間でできるようになりました。さらに、3周目以降も同様に繰り返していくと、徐々に長期記憶へと移る単語が多くなり、正答率が高まっていきます。

結果的に、3周目は5日間、4周目は3日間、5周目は2日間、6周目、7周目は一日で4000単語をまるまるカバーすることができるようになりました。

　そうやって1ヶ月間で7周以上、10周ほど繰り返すことで、4000単語の暗記に成功しました。結果的に、GRE（Verbal）でも、それまでは800点満点中280点だったのが、日本人ではほとんど取ることができない620点と、目標のハイスコアも取得できました。

　私は忘れものの多い性格で、暗記科目も嫌いなほうです。決して特別な記憶力があるわけではありません。
　暗記は勉強の基礎ではありますが、頭のよしあしにかかわらず、コツをしっかりと実践すれば、暗記力を高めることはできるのです。

POINT　暗記のコツははやいペースで何度も繰り返すこと

苦手を克服し
飛躍的な
成果を出す

　独学のスタート時には、ウォーミングアップの観点から、好きなことや得意なことからまずは始めるのがよいということを書きました。

　ただし、いつまでも得意なことだけをしていては、大きな成長を得ることはできません。

　これまで説明してきたことを実践し、独学が習慣として身についてきたら、次のステップとして、苦手と思っていたことを克服する段階に入ってよいでしょう。

　実は**苦手の克服こそが、飛躍的な成果を出すための戦略でもあるのです。**

／　　苦手という負のループを断ち切る　　／

　具体的に考えてみましょう。得意だった教科の場合、これまで80点だったものをがんばって勉強して90点に上げられたとしたら、10点の伸びになります。

　逆に苦手だった教科の場合、これまで30点だったものを、がんばっておよそ平均点ほどの70点に上げることができれば、40点もの伸びになります。

　伸びた点数で比較すると、**苦手を克服したほうが、得**

意分野をさらに伸ばすよりも、実にその効果に4倍もの差があることが分かります。

　苦手分野といっても、平均的な点数にまで伸ばすことは決して非現実的なことではありません。

　苦手というイメージを持っているから、これまで勉強することを避けていたり、後回しにしていたため、さらに苦手になるという悪循環に陥っているケースがほとんどです。

　この負のループを断ち切り、苦手を克服することで、戦略的に一気に成果を出すことができるのです。

　私の場合は、大学受験勉強のスタート時には、物理が一番の苦手科目でした。

　100点満点中いつもは30点ほどしか取れず、ひどいときは9点といった点数もありました。

　物理は高校から本格的に始まる科目で、私は高校から勉強についていけなくなったので、その傾向が顕著に現れていたのです。しかし、それはチャンスでもありました。数学や英語、国語のように中学や小学校で習ったところまでさかのぼらなくてもよく、カバーすべき範囲が狭いからです。

　もともと計算は得意なほうでしたが、そもそも物理の勉強を真剣にしていなかったのが、苦手の原因だったのです。そこで最大の苦手だった物理の勉強を一定期間集中して行いました。次にあるテストの出題範囲に徹底的に取り組んだところ、一気に点数が伸び、90点台を取ることができたのです。

その結果、9点から90点に急上昇したので、80点も伸ばすことができました。これは、5教科をそれぞれ16点ずつ伸ばすのと同じくらいの効果があったことになります。これがなぜ可能だったかというと、事前に合格体験記や他の成功事例を読み込んで研究し、根拠のある戦略に基づいて実践したからです。

　合格体験記には、計算が得意な人は物理が飛躍的に伸びたという事例が複数あったこと、またセンター試験や東大二次試験でも、実際の東大理系合格者は物理で安定して点数を取っていたことが分かりました。
　そのデータ分析に基づいて、「いまは苦手な物理も、やれば克服できる」という確固たるイメージを持てたので、集中して取り組んだのです。
　これが逆に、「苦手な物理をやって本当に克服できるのだろうか、意味があるのだろうか」といった不安で頭がいっぱいになってしまったら、効果が出なかったかもしれません。
　先行事例と自分自身の実力を分析し、コストパフォーマンスの高い戦略を導き出す。
　そのうえで、苦手を克服し得意にすることで、飛躍的な成果を出すという戦略的手法は、〈独学1.0〉の醍醐味でもあります。

POINT　苦手を戦略的に克服して大幅に成果を上げよう

1週間で
簿記3級を取得する
勉強術

　受験勉強だけでなく、社会人の場合は資格を取得しなければならないというケースも多いでしょう。

〈独学1.0〉は資格試験にも役立ちます。私は職場の業務命令で、簿記3級を取得しなければならないというときがありました。

　既にバリバリと仕事が入って、1ヶ月に1回は長期の海外出張に行っていた時期です。

　本も書いていて、原稿の締め切りにも迫られているような状態でした。

　周りの同僚たちは資格スクールや簿記講座に通っていましたが、私はそんな時間は確保できそうにありませんでした。そこで私は、簿記3級を1週間の独学で合格するというプランを立てました。

　これまで簿記なんて勉強したことがないし、好きでもありません。ただ会社の命令で資格を取らないといけないので、期日を定め目標設定したのです。

　実践したのは、これまでも紹介してきた〈独学1.0〉の方法です。

　まず、合格体験記と戦略の研究です。

簿記3級はネット上にもたくさんの合格体験記や対策法が載っているので、週末にそれらをざっと読んで戦略を練り、自らのモチベーションを上げました。

さらに、過去問もまずは一度やってみました。

まったく勉強していないので、当然ほとんどできませんが、どんな試験なのかをだいたい理解して、勉強するポイントをつかむためです。

戦略としては、合格基準が70点以上ということを知り、完璧にマスターしなくても、ある意味1週間の付け焼刃でもなんとかなるということを確認して計画を立てました。

100点や90点狙いであれば、対策の仕方や時間のかけ方は異なりますが、あくまで資格取得という目標の達成であれば、70点以上取れれば十分なのです。

70点台後半を取るくらいの対策が、効率的には一番よいといえます。

次に過去問題集と、『10日で合格（うか）る！　日商簿記3級最速マスター』（東京リーガルマインド）という参考書を購入しました。

試験対策には過去問や模擬試験は必須ですし、後者の参考書は短期間で対策をするのに適していたからです。その参考書は約360ページが10日間分として分けられているのですが、私は1週間で合格したかったので、5日間でその参考書を一通りやって理解するという計画を立てました。

つまり一日で2日分です。

　一日分は30ページ前後なので、私の場合は一日60ページ前後進めればよいわけです。

　これを仕事で超多忙ななか実践するために、「朝独学」を実践しました。

　朝4時に起床して、出発準備を始める7時までの3時間が勉強時間です。夜に長時間残業や飲み会が入っても、朝起きさえすれば時間は確保できました。睡眠をとっているので、疲れも夜ほどはたまっていません。

　これを平日の5日間続けることで、10日分360ページの参考書は一通り読んで理解することができました。

試験の直前にすること

　次に、試験本番直前の土曜日に、過去問をやります。

　本番通りの2時間をはかっての実践です。自分で答え合わせをして、間違えたところの解説をチェックして復習します。土曜日は仕事がないので、丸一日使えるため、このセットを3回行いました。合計で約10時間です。

　2回目、3回目には70点以上を取れたので、これはいけるという感覚を得ました。

　さらに、夜寝る前には、過去問を3回実践した感覚で、もう一度参考書も読み返し、特に間違えた苦手ポイントを復習しました。

　日曜日の本番当日は、コンディションを最高の状態にするため、4時起床ではなく、無理なく6時過ぎにします。

電車で試験会場への移動中に、もう一度参考書を読み返します。

　これですべての対策は終わりです。

　結果は、計画通り1週間で簿記3級の合格でした。

　簿記3級程度のさほど難解ではない資格であれば、こういった短期集中型の独学でも十分に合格できます。

　ぜひ〈独学1.0〉で、効率的な資格取得を実践してみてください。

POINT 　短 期 集 中 型 の 独 学 術 を 身 に つ け よ う

1ヶ月に1回、模擬試験で自分の現在位置をチェックする

独学で最も陥りやすいのは、客観的な自己分析のないまま、自分の思い込みだけで対策を立てて、戦略的に間違った勉強をしてしまうことです。

塾や予備校では、たいていの場合は実力別にクラス編成をして、志望校などもアドバイスをしてくれます。

しかし、独学だと自分で自分の実力を確認し、対策を練らなければなりません。

多くの人は、自己分析が正確にできていないのです。自己分析が正確にできていないと、難しすぎる参考書・問題集に手をつけてしまい、まったく歯が立たずに効率が落ちたり、中間目標を高く設定しすぎて実現できず、モチベーションが維持できなくなったりしてしまいます。

そんな独学の失敗を防ぐために、毎月1回は必ず模擬試験を受けることをお薦めします。

模擬試験を受けるねらいは、自分の現在の実力をより正確に把握し、最終目標に対してどの程度の距離があり、どのような対策をすればよいかを明確にすることです。

模試をフル活用すれば、塾や予備校で先生やチューターにアドバイスをもらわなくても、独学で客観的な自己分析が可能なのです。

　模試を受けようとすると丸一日時間がかかるので大変ですし、自分の実力を知らされるのはある意味こわいので、人間は心理的に避けたがる傾向にあります。「もう少し勉強してから」「もっと実力をつけてから」と後回しにしてしまうことで、正確な自己分析ができないまま、ずるずると間違った対策になってしまいがちです。

　そうではなく、必ず月1回は模試を受け、自己の実力と勉強の成果をレビューするというルールを決めて、実践しなければなりません。

　私の場合、大学受験のとき塾に通うお金はありませんでしたが、なけなしのお金で試験料を出して、模試はかなりの数を受けるように心がけました。

　学校で受けることになっていた一般的な模擬試験に加えて、東大模試などより難易度の高い、目標に合ったものをすべて受けました。

　結果的に、月1回は模試の機会があり、そのたびに自分の現在の実力や、強み弱みを分析できたのです。

　また、留学準備のときには、英語の試験であるTOEFLをほぼ毎月のように受験しました。スコアが伸びないときもありましたが、なぜ伸びないのか、何が最もネックになっているのかが、実際に試験を受けることでより明確になるのです。

私の場合、TOEFL を受けたことで、特にリスニングが惨憺たる状況であることが心理的にもはっきりと分かり、徹底的なリスニング対策を行うという戦略をとりました。

　最初の3ヶ月はひたすらリスニング教材に取り組み、一日中英語の音声をシャワーのように浴びることにしたのです。

　また、3ヶ月間毎月 TOEFL を受験して、自分の実力を確認しました。その結果、リスニングが30点満点中14点だったのが、3ヶ月の徹底対策で24点に一気に上がりました。5割未満だったスコアが8割に急上昇したことで、まさに苦手を克服して飛躍的な成果を出すという戦略に成功したのです。

　もし独学のスタート時や途中で TOEFL を受けていなければ、万遍なく対策をしていて、このような飛躍的な成果を出すことはできなかったでしょう。

　孫子の兵法でも、「彼を知り、己を知れば、百戦してあやうからず」という有名な格言があります。

　合格体験記や対策本などで、「彼」（目標）を知ることも重要ですが、さらに、模試を毎月受けて「己」の実力を正確に知ることで、百戦に勝てる戦略を得ることができるのです。

POINT　模試を受けていまの自分の実力を知ろう

失敗を自己分析して、誰も教えてくれない「成功の種」とする

失敗は成功のもとである

自己分析の重要性について触れましたが、**特に重要なのが失敗をしたときにいかにその失敗の要因を客観的に、精緻に自己分析できるかです。**
「失敗は成功のもと」と昔からいわれていますが、まさにその通りです。人は失敗すると、自分ができなかったこと、できていないことを、身を持って痛感します。

だから通常は心理的に落ち込んでしまうのですが、考え方を変えれば、やらなければならないことをはっきりと知ることができる絶好の機会になります。

それまでの、なんとかなるんじゃないかといった甘い考えや、必要な努力を後回しにしていた姿勢、自分の足りない点や苦手な部分が明らかになります。

そのときに、失敗の要因としっかりと向き合って、客観的に精緻に分析することで、失敗の要因を取り除くための本気のモードに入ることができるのです。

これまでも人からアドバイスを受けたり、自分でもなんとなく分かっていたけれど、真剣に取り組めなかった

ことに対しても、失敗をしてそこに真摯に向き合うと、本気になれるのです。

ハーバードを一度 不合格になって学んだこと

　私は、ハーバード大学院を1回目に受験したとき、不合格の通知を受けました。

　ハーバードを含めて3校に願書を提出したのですが、全滅でした。準備期間が短く、足らない点があることは分かっていたのですが、不合格という現実を突きつけられたとき、目の前が真っ暗になりました。

　そのときに、改めて自分に何が足りなかったのか、自己の強みと弱みを徹底的に分析し直しました。

　そして、弱みとなっている部分については、やれることすべてをやって克服するという強い決意をして、そのための方策を練り直しました。

　具体的には、英語の試験である TOEFL のスコアが300点満点中250点（CBT）がハーバード大学院の入学要件の一つだったのですが、243点までしか取得できていませんでした。これを必ず250点以上取得し、さらに実際の合格者のスコア実績をみると、260点以上、270点前後が多かったので、それを目標としました。

　さらに、アメリカ人の大学院進学希望者が受ける GRE という試験があります。

これについても、数学（Quantitative）は満点だった
のですが、英語の言語能力（Verbal）のスコアが800点
満点中280点とかなり低かったので、600点以上という
目標を立てました。GREはアメリカ人も受ける試験なの
で、日本人には難解すぎて多くの人が低い点数です。

　そこで、あえて高得点を狙うことにしました。という
のは、私の場合、大学学部時代の成績がそこまでよくな
かったことが一つの弱みになっていたのですが、過去に
戻って成績をよくすることはできないからです。

　その代わりに、GREのハイスコアを取得することで、
カバーしようと考えたのです。

　他にも失敗の要因となった一つ一つの弱みを決して曖
昧にせず、それらすべてを克服する具体的戦略を立てて
実践しました。

　**すべての弱みをつぶして、強みをさらに伸ばすこと
で、不合格要因をなくしたのです。**

　もちろん、もともと苦手だったものなので、それらを
克服するのには苦労しましたが、一度不合格という挫折
を味わったからこそ、最後まであきらめずに取り組めま
した。

　結果的に、立てた目標をすべてクリアして、ハーバー
ド大学院にも合格することができました。

　失敗の要因を分析せずにただうちひしがれているだけ
では失敗のまま終わってしまいます。

　逆に失敗の要因を徹底的に自己分析して戦略を練り直

せば、それはどんな名門塾や名コーチが教えてくれる指導よりも的確で効果的な成功の種となるのです。
　〈独学1.0〉は、失敗すら成功の種にしてしまうので、必ず目標を達成する最強の独学法なのです。

POINT 失敗の要因を徹底分析して成功の種にする

瞑想で「レジリエンス＝折れない心」を育てる

　独学で大切なことは、いかに自堕落で怠け癖のある自らを律し、心が折れて途中であきらめようとする自分を励まし奮い立たせ、夢や目標に向かってがんばりたいと願う自らのモチベーションを高め続けられるかという点にあります。

　これまでは、具体的な独学勉強法の手法を書いてきましたが、実は、自分の心をどうコントロールするかということも同じくらい重要です。
　特に、先生や塾のプログラムのなかで、あれこれと指示を出してくれるわけではない独学では、自らが自らの心をコントロールしていかなければなりません。
　それがまさに、独立した学び、独学なのです。

　では、自らの心をコントロールし、独学を続けるための心を養い、維持するにはどうしたらよいのでしょう。一つお薦めしたいのは、毎日瞑想を行うことです。
　夜の就寝前、すべての勉強を終え、一日の勉強内容を振り返った後に、3分でも5分でも、静かに瞑想する時間を持ちます。目をつぶって、静かに呼吸を整えます。

そして、自分の夢や目標を達成する瞬間をイメージしたり、いまの苦しいこと大変なことは、その夢を実現するために必要なプロセスであることを確認したりします。

　また、周りで支えてくれている人、応援してくれている人に感謝の気持ちを抱き、宇宙を超越した大きな存在（天といおうが、神といおうが呼び方は何でもかまいませんが）と自分の目指す道が一致し、後押しされていることを感じる、そんな時間を毎日持つのです。

日々の瞑想の効果とは

　こういった瞑想を毎日行うことで、常に目標を決意した初心に立ち返ることができますし、日々の勉強のなかでたまるストレスを解消したり、成績が伸び悩んで心が折れそうになるときにも、一歩踏みとどまって再起する力を得ることができるきっかけになります。

　英語で「resilience」という言葉があります。最近は、日本語でもカタカナで「レジリエンス」といわれるようにもなってきました。

　防災の分野でもよく使われますが、その場合は「強靭」、「回復力」などと訳されます。

　また、心理学やビジネス分野でも使用され、ビジネスやあらゆることを為すうえでレジリエンスの重要性が指摘されていますが、その場合、「折れない心」と訳されることがあります。

失敗や挫折をしたとき、なかなか結果が出ずに疲れ果てて力が出ないとき、孤独な闘いで不安に襲われたとき、多くの人は、心がポキッと折れて投げ出してしまいがちです。

　目標を必ず実現する〈独学1.0〉を実践するには、そんなときにも一歩持ちこたえて、最後までやり抜くような「折れない心＝レジリエンス」を育てていくことが重要です。

　瞑想はその一つの心理的な手法なのです。

　実際に、私自身は東大受験のときも、ハーバード受験のときも、そしていまでも続けています。

　瞑想の時間を持つことで、初心に立ち返り、モチベーションを維持することができています。

　また、最近では欧米のビジネスリーダーの間でも、瞑想（meditation）が「マインドフルネス」という概念とともに注目されています。マインドフルネスは宗教的な要素をなくし、科学的にその効果を検証していることが社会的にひろがっている理由でしょう。

　瞑想を通して、ストレスを和らげ、集中力を高め、幸福感や心身の健康を高めることで、結果的にはビジネスの成功につながると考えられ、グーグルやインテルなどのアメリカ企業の社員の間で実践されているといいます。

　独学は、頭に負荷をかけてたくさん使い、体も多少無理をして酷使するからこそ、心をどうメンテナンスしていくかも重要な要素です。

毎日の瞑想の実践で、「レジリエンス＝折れない心」を育て、目標の実現に向かって最後までやり抜く力の源泉を持ちましょう。

| POINT | 瞑想で心身のメンテナンスを行おう |

必ず目標を達成する 〈独学1.0〉 まとめ

　必ず目標を達成するための独学法〈独学1.0〉の具体的なポイントを、本パートで紹介してきました。

　塾や予備校、社会人向けのスクールなどに頼らずに独学で、受験や資格試験、語学の修得などの目標を必ず達成するための勉強法です。そのポイントをもう一度まとめておきます。

　まずは、他の誰でもなく、自らが心の奥底から「やりたい！」「実現したい！」「成し遂げたい！」という想いが湧き出るような目標を、自らが設定します。その明確にした目標を大きくはっきりと書いて、目立つ机の前などに貼り出したり、手帳などに書いて常に持ち歩いたりし、周囲の人にも公言しましょう。

　次に、目標達成のための具体的な戦略と計画を練るために、実際にその目標を達成した先行事例や、大学受験や資格試験の合格体験記を徹底的に読み込んで研究します。

　どのくらいの成績だった人が、どのタイミングに、どんな問題集をどのくらいやって、成績がどう推移して、最終的に合格できたのか、具体的なデータを分析しま

しょう。こういったデータは、大手の塾や予備校には蓄積されているものでもあるので、〈独学1.0〉では特に補完できるよう重要視しなければなりません。

独学スタート時に合格体験記を読み込むことで、モチベーションの向上にもつながります。

次に、目標達成の期日を明確に定め、手帳に記入しましょう。「いつかはできるようになりたい」ではダメなのです。来年の3月1日とか、20歳の誕生日、などのように、具体的な日にちを手帳やカレンダーに書き込みます。

試験であればその日の予約をします。

さらに、その日に目標を達成したことをイメージして、未来の合格体験記を書いてみましょう。ゴールの瞬間の喜びや、困難を乗り越えていくためのプロセスを、より具体的にイメージするトレーニングになり、決意を固めるのに役立ちます。

ここまでできれば、目標達成までの年間計画を立て、そこから12ヶ月を割った月間計画、そして週間計画を立てましょう。合格体験記や対策本などを参考にして洗い出した1年間でやるべき内容から逆算して、今月1ヶ月間、今週1週間、そして今日やるべきタスクを明確にします。

いよいよ実践段階では、三日坊主で終わらせないために、独学の習慣をつくることを意識します。

この時間、この場所で、この合図があれば必ずこの勉強をするといった習慣をつくります。

　夕食の前に必ず1時間勉強する、移動の電車に乗ったら必ず英単語帳を開くなどです。習慣化さえできれば、負荷なく当たり前のように独学が続けられるようになります。

　さらに、独学をうまくスタートさせるためのポイントとして、得意分野や好きな教科から始めましょう。

　得意なことのほうが精神的な負担がなくできるので、習慣化できるまでのウォーミングアップの期間とします。また、独学をより効果的に進めるには、簡単すぎず、難しすぎないちょうどよいハードルを設定し続けることです。参考書や問題集を選ぶときも、ほんの少し難しいけれど解説を読めば分かるくらいの、自分に合ったちょうどのものを選びましょう。

　独学を始めると、やるべきことはたくさん考えつきますが、同時に重要なことが、やらないことを増やすことです。「やらないことリスト」を明確につくって、生活のなかで優先順位が低く、やらなくてもよいことはキッパリやめましょう。

　そうしてできた余白時間をしっかりと活用して、徐々に無理なく独学時間を増やしましょう。一気に一日中独学を実践するのは、心身に負担がかかりすぎて、三日坊主の原因になってしまいますが、徐々に体と心と脳を慣らしながら、少しずつ独学時間を増やせば、一日10時間

以上は勉強できるようになります。

　また、独学だからこそ、通学通勤などの移動時間や、朝起きてすぐの早朝時間、そのほか様々なスキマ時間を最大限に活用できるように工夫しましょう。

　スキマ時間でも毎日積み重ねて続ければ、大きな効果をうみだします。

　さらに、勉強時間という量だけでなく、勉強の効率、つまり質も高めていきましょう。

　そのために、1時間単位で集中力のスイッチを自然に引き出すための独学ルーティーンを、自分のスタイルに合ったかたちでつくります。

　スマホの電源を切る、目標を唱えるなどの一連の動作をつくることで、集中のスイッチを自然に入れられるようになります。

　身につきやすい暗記のコツは、短期記憶から長期記憶に移して記憶を定着させるために、一度で完璧を目指すのではなく、なるべく速いペースで何度も繰り返して覚えることです。

　また、目で見て、口でしゃべって、耳で聞いて、手で書いて、イメージを想起させながら、五感をフル活用して記憶に定着させましょう。

　独学の習慣やルーティーンなど自分のスタイルが確立したら、次には、戦略的に苦手の克服に取り組みましょう。苦手を得意にすることができると、その分だけ伸びしろが大きいので、飛躍的な成果を出すことができます。

また、独学戦略を効果的に練っていくためには、自分の現在の実力を正確に、詳細に把握しなければなりません。

　必ず1ヶ月に1回は模擬試験で自分の現在位置をチェックし、その結果を分析して対策をアップデートしていきましょう。

　一度できなかったから、ちょっと失敗したからといって、そこで落ち込む必要はありません。

　失敗の要因を冷静に綿密に自己分析して、成功の種としましょう。

　独学を続け、最終的に目標を達成するためには、モチベーションをどう維持し続けるか、自分自身の心のメンテナンスが必要不可欠です。目標達成によって得られる未来を改めてイメージしたり、何があっても挫けないための折れない心を育てるため、静かに己と向き合う時間として、毎日瞑想の時間を持ってみましょう。

　心技体のいずれもしっかりと磨き、コントロールしていくことを意識します。

　これらのポイントを一つ一つ実践していくことで、〈独学1.0〉は確実に成果を出し、あなたの手帳に記入された通り、目標を達成できることでしょう。

PART 2

独学2.0

教養を深めて
人生の幅と
世界をひろげる
独学術

5年後、10年後の
種まき＝投資としての
〈独学2.0〉

Part1の〈独学1.0〉では、1年後や2年後に、受験や資格試験、語学などの明確な目標を必ず達成するための独学法を紹介してきました。しかし、たとえ学歴や資格を手に入れたとしても、それだけで十分とはいえません。

これからの時代は変化が著しく、未来を見据えながら常に新しい知識と教養を吸収していかなければ、社会の変化の波についていけないでしょう。

既存の確立された学問やスキルを習う学校や塾では、その変化に対応した学びには到底追いつけません。だからこそ、これからの時代は、独学によって自らが主体的に、継続的に学び、5年後、10年後を見据えた学びを実践していかなければなりません。

資格試験のように、短期間ではすぐに目に見える成果が出なかったとしても、広い意味での学び、いわゆる教養を深め人生の幅をひろげるという行為が、実は人生の成功において非常に重要な要素となります。読書や様々な経験、いまの仕事や専門とは異なる分野からの気づきやインスピレーション、文章や創作によるアウトプットなどです。**5年後、10年後に芽を出し花を咲かせるための種まき＝投資としての中期的な独学です。**

塾や予備校では決して教えてくれない、独学でしか実践できない学びです。

　これを本著では〈独学2.0〉と称しています。

　投資という観点から、学びについて数値的に考察してみましょう。仮に、〈独学1.0〉は1年間で学びの成果を100%成長させる独学法だとします。

　これは、1年間で2倍の成果を出すということです。

　一方で、〈独学2.0〉は1年間での学びの成長率は仮に10%だとします。短期的には目に見える成果が少なかったとしても、これを継続していくと、5年目には学びの成長率が61%に、10年目には159%成長に、15年目には317%成長していることになります。

　つまり、**5年目にはもともとの学びの力から1.6倍に、10年目に2.6倍、15年目には4.2倍にもなっているという計算です。**

　これは年率10%で資産運用することと同じ計算になります。学びの成果は、お金のようには数値で正確に測れるものではありませんが、イメージしやすいように仮の計算式で考えてみました。

　ここでお伝えしたいのは、学びにおいても、短期では成果が見えにくかったとしても、コツコツと継続して、効果的に教養と学びを深めひろげ続けていくことで、長期的には非常に大きな違いがうまれるということです。

　〈独学2.0〉は、人生の幅と世界をひろげることで、中期的に大きな成果をうみだす、ドキドキワクワクする投資としての独学法です。

世界のエリートは
読書量がすごい！
「読学力」が独学力の基礎

　独学力を高め、長期的に学びの成果を発揮していくのに重要な基礎中の基礎は読む力です。本や新聞、雑誌、論文、ネット上のエッセイ、ニュースなど、すべてにおいて読み解く力があってこそ、論理的思考力を高め、教養の幅をひろげることが可能になります。

　そういった意味で、**独学力の基礎は読んで学ぶ力、「読学力」であるともいえます。**

　私がハーバード大学院に留学したときに驚いたのは、毎回の授業で事前に読んでくるようにと課題として出される論文の量です。

　かなり分厚いページがコピーされて配布されるか、指定の本を読んでくるように課されます。授業では、そのリーディング課題を読んできたことを前提に講義があり、ディスカッションが行われるので、しっかりとついていくには事前に読み込んでおかなければなりません。

　アメリカを含む欧米圏から来ている同級生たちは、課題は大変だとは言いつつも、当たり前のようにリーディング課題をこなし、授業で闊達に議論します。

　英語の壁もありましたが、それだけの量の論文を毎日

読みこなすこと自体、日本にいたときは東大の授業でも
なかったので、日米の大学の違いを感じました。

／　　世界のエリートは古典を読み込む　　／

　大学の授業以外でも、世界のエリートといわれる人た
ちは、よく古典を読み込んでいます。

　ソクラテスやプラトンにはじまるギリシャ哲学から近
代哲学、古代ローマ史からヨーロッパ史、世界大戦にい
たる現代史、聖書のことばやキリスト教、ユダヤ教の歴
史、シェークスピアやドストエフスキーなど古典小説。

　いわゆる古典的な教養が身に染みつくように頭のなか
に入っています。

　論文や本を書くとき、議論をするときも、自然とそう
いった歴史の事例や、古典の引用が出てくるのです。

　日本人だから西洋の歴史や哲学、宗教に対する知識が
あまりないのだという言い訳をしたくなるかもしれませ
んが、だからといって、日本人が古事記や日本書紀、源
氏物語や徒然草、平家物語、あるいは中国の古典である
四書五経などの中身が頭に入っているかというと、多く
の人がそうでもありません。

　**世界のエリートたちは、圧倒的な読書量に裏付けられ
た、「読学力」を持っています。**

　古今東西のあらゆるものに対して、他人に教えられな
くても自らが読み解き、自分の言葉にする力を持ってい
るからこそ、独立して学ぶ力、独学力の基礎が身につい

ているのです。

「読学力」を高めることは、独学力を高める王道中の王道です。投資としての〈独学2.0〉を実践するうえで、毎年の学びの成長率になります。1年で目に見える大きな成果が出なかったとしても、5年、10年で大きな差がうまれるのです。

 POINT 読書量を増やして、あらゆるものを読み解く力をつけよう

本が苦手な人でも
実践できる
「マンガ独学法」

　読書や教養の重要性は分かるけど、本を読むのは大変だし、ましてや古典は難しくて時間がかかるから敬遠してしまうという人も多いでしょう。

「本を読まなければいけない」という義務感のみが動機で、楽しいと感じられないものは結局続かないものです。本著で薦める〈独学2.0〉は、ドキドキワクワクする楽しい学びです。

〈独学1.0〉のように、短期間であれば、目標に向かって義務感や戦略的思考で努力できますが、5年、10年と長期的に継続することで効果を出す〈独学2.0〉は、楽しいこと、好きなことでないと続けられません。

　そこで、本が苦手な人でも実践できる楽しく続けられる独学法を紹介します。それが**「マンガ独学法」**です。

　実は、私は高校1年生の途中まで、読書が大の苦手で、まったく読んだことがありませんでした。学校で読書感想文の課題が出ると、まえがきとあとがきだけ読んで感想文を書いたり、映画を借りて観て、その映画と同じタイトルの小説を読んだことにしたりしていました。

　そんな私でも本が大好きになり、逆に「本の虫」に

なってしまうきっかけがありました。

　それはマンガ『お～い！竜馬』と小説『竜馬がゆく』との出会いです。もともと、日本の歴史に関する学習マンガは大好きで、小学生や中学生の頃は覚えるほどよく読んでいました。

　しかし、それが活字の読書にはつながっていませんでした。高校生になってから、マンガ『お～い！竜馬』をたまたま手にして読んでみると、学習マンガにはない熱さがあふれていて、涙しながら食い入るように読んで、はまってしまいました。

　マンガ『お～い！竜馬』を読み終えると、もっと坂本龍馬のことが知りたい、幕末の志士のドラマが知りたいと思うようになり、図書館をうろうろしていると、『竜馬がゆく』というタイトルの何巻にもなる小説を見つけました。その当時は名前すら知らなかった司馬遼太郎の代表作です。

　マンガで涙した熱量のまま、小説『竜馬がゆく』を読み始めると、不思議にも活字の本が初めてスラスラと、しかも楽しく読めたのです。まさに初めての体験でした。

　これまで1冊ですら完読できたことがなかったのに、何巻にも及ぶ長編小説をあっという間に読み終えました。「本ってこんなに面白いんだ！」ということを初めて発見した体験でした。

　それから、他の司馬遼太郎の小説や、歴史上の人物の本を読むようになり、大学に入ったあとは、小説に限らず、哲学、心理学、歴史、科学、宗教などあらゆるジャンルの本を読むようになりました。

大学時代の4年間で1000冊は読みました。

　東大合格の目標を達成して終わりではなく、東大に入ったあとも飽くなき探究心を持って学び続け、成長し続けることができたのは、本が大好きになったこの出会いのおかげであると感じています。

　まさに、自分にとっての〈独学2.0〉のスタートだったのです。

マンガで教養を深めるためにしてほしいこと

　実は、この「マンガ独学法」は誰もが実践可能なメソッドです。私の場合は、たまたまマンガ『お〜い！竜馬』から、小説『竜馬がゆく』を読んで坂本龍馬や幕末にはまり、本が好きになりました。

　これと似たようなプロセスで意図的に、自分のより関心のありそうなジャンルや、これから学びたいと思うテーマのマンガを選べばよいのです。

　たとえば、政治について勉強したいとします。大人になれば誰もが選挙権を持ちますし、ビジネスマンでも政治の知識を持っておくことは欠かせない教養の一つです。

　でも、政治や政治史の本を読むとなると、ハードルが高いですよね。

　だからこそ、まずはマンガから始めるのです。

　これは実際に私が東大の学生時代に実践したのですが、『ゴルゴ13』で有名なさいとう・たかをが描いたマ

ンガ『歴史劇画 大宰相』を読みます。吉田茂から始まる、戦後の歴代総理大臣や権力闘争を繰り広げた政治家たちのドラマが描かれています。文庫本で全10巻になりますが、私は東大生協の本屋に毎日通って、立ち読みで一気に完読しました。

　政治家なんて日本史の授業で覚えさせられたくらいで、まったく知りませんでしたが、ドラマを観るようにはまりました。

　そして、マンガの原作である『小説吉田学校』（戸川猪佐武）も読み始め、長編の活字の本ですが、食い入るように読みました。

　それから、他の政治家や政治についての本を幅広く読むようになりました。当時は理系学生で、政治の授業を多数履修することはありませんでしたが、独学で政治の教養が身につくきっかけになった読書体験でした。歴史、政治に限らず、経済、ビジネス、世界情勢、社会問題、文学、芸術、宗教、科学、あらゆるジャンルでこのマンガ独学法を実践することは可能です。

　各ジャンルの具体的なマンガ選書のリストは拙著『頭がよくなる！マンガ勉強法』や共著『人生と勉強に効く 学べるマンガ100冊』でまとめているので参考にしてみてください。

POINT	難しそうな教養はマンガで楽しく学んでしまおう

無理なく楽しく
教養を深める
「ポートフォリオ読学術」

　本はそんなに嫌いではなく、実際にたくさん読んでいるという人が陥りがちなのは、流行りのビジネス書だけ読んだり、好きな作家の小説だけを読んだりしているパターンです。

　自分にとって読みやすいものだけに偏っていると、いくらたくさん量をこなしていても、教養の幅がひろがらず、深みもでてきません。

　流行りの新刊を読みつつも、古典的名著と呼ばれるようなものもじっくりと読んだり、自分がビジネス書を得意分野としているなら、ときにはまったく別の分野である、たとえば歴史や心理学、芸術などの本を読むと、思いがけない発見や普段と異なるインスピレーションを得ることがあります。

　〈独学2.0〉は長期的に成果を出すための投資としての独学法と説明しましたが、投資の世界でポートフォリオという考え方があります。

　資産運用する際に、特定の金融資産だけに偏って投資をしていると、予想外の市場変動があったときに、資産を一度に失ってしまうリスクがあります。

たとえば、一つの企業の株式のみを保有していると、株価が上昇している期間はよいですが、その企業の業績が不振になったり、不祥事があったりして、急に株価が下がった場合、資産を一気に失うことになってしまいます。

　一方でポートフォリオの考え方は、様々な金融商品にバランスよく資産配分しておくことで、リスクを分散しながらも、長期的に安定したリターンを得る投資の方法です。国内外の様々な業種で複数の企業株式に分散投資しておくことで、たとえば為替変動があって一方の企業（輸出産業など）の株価が下がった場合も、別の企業（輸入産業など）の株価は上がり、リスクを回避することができます。

　また、株式投資によるハイリターンを狙いつつも、国債などローリスクローリターンの資産を一定割合保持しておくことで、市場変動があっても一定の資産を担保したりします。

　そういった様々な金融商品にバランスよく投資することで、全体としてリスクを減らしながらも、銀行に預金しておくよりも長期的にはずっと高いリターンを得る投資が可能となるのです。

　この投資手法にヒントを得て、長期的な学びの成果を狙う読書において、私は「ポートフォリオ読学術」を推奨しています。すなわち、**流行のビジネス書だけを読むのでもなく、古典的名著だけを読むのでもなく、好きな作家の小説だけを読むのでもなく、様々なジャンルの本を組み合わせてバランスよく読む方法です。**

たとえば、10冊の本を読むとしたら、2冊はベストセラーになっているビジネス書、2冊は自分の仕事の分野に直結する本、1冊は古典的な名著、1冊は小説、1冊はマンガ、1冊は最近会った人（知り合い）が書いた本、1冊（本）は学術論文／政府白書、1冊は海外書籍／雑誌などと、読書のポートフォリオを決めておきます。最近の私の例でいうと、以下が読書ポートフォリオになります。

ビジネス書（2）:『シン・ニホン AI ×データ時代における日本の再生と人材育成』（安宅和人 NewsPicks パブリッシング）『フルライフ 今日の仕事と10年先の目標と100年先の人生をつなぐ 時間戦略』（石川芳樹 NewsPicks パブリッシング）

自分の分野（2）:『誤解だらけの発達障害』（岩波明　宝島社新書）、『CREATIVE SCHOOLS 創造性が育つ世界最先端の教育』（ケン・ロビンソン　東洋館出版社）

古典（1）:『生きがいについて』（神谷美恵子　みすず書房）

小説（1）:『破天荒フェニックス』（田中修二　幻冬舎）

マンガ（1）:『鬼滅の刃』（吾峠呼世晴　集英社）

会った人（1）:『未来の学校のつくりかた』（税所篤快　教育開発研究所）

論文／白書（1）:『ひとり親家庭等の支援について』（厚生労働省子ども家庭局家庭福祉課 平成30年4月）

海外（1）:『Harvard Business Review』（ダイヤモンド社）

かっちりと各ジャンルの冊数を固定しているわけでは
ありませんが、一つのジャンルに偏りすぎないように意
識して読書ポートフォリオを組んでいます。

　そうすることで、マンガから思いがけないインスピ
レーションを得て仕事のヒントになったり、小説から生
きる活力を得たり、古典がトップリーダーと話をすると
きの話のネタになったりします。

　この際にも、『マンガ旧約聖書』を読んだあとに、『旧
約聖書』の原文を読むといったように、古典を読む前に
関連するマンガを読むことでイメージづくりをしておく
マンガ独学法で、堅苦しい古典も楽しんで読むようにす
るとよいでしょう。

　「ポートフォリオ読学術」を長期的な学びの投資とし実
践して、無理なく、楽しく新旧の様々な分野の本を読み
進め、教養の幅をひろげ、深めていきましょう。

POINT　ポートフォリオ読学術でバランスよく
教養を深めよう

3ヶ月でその分野の
セミプロになれる
「10冊まとめ読み独学法」

　読書が5年後、10年後に成果を出すための投資だといわれても、いますぐに仕事に役立たせられるような本も読みたい、という方もいるでしょう。実は、そういった本の読み方もあります。

　一つのテーマの本をいっきに10冊まとめ読みする独学法です。ポートフォリオ読学術とは真逆になりますが、一定期間、たとえば1ヶ月や3ヶ月くらいの期間であれば、一点に集中して読みまくるという方法が効果的です。

　実は、私はこの方法を、コンサルティングファームで働くコンサルタントの友人に聞いて取り入れました。コンサルタントの場合、まったく新しい業種の企業が急に担当になり、その企業が抱える問題の解決法や業務改善の方法を、説得力のあるロジックを持って、経営層に提示しなければなりません。

　それも、3ヶ月や6ヶ月で行わなければならないので、短期間でその企業や業界のことを調べつくさなければなりません。自分が未経験の新しい業界が担当になった場合、既存の本や資料を短期間で大量に読みまくって、必要な知識を頭に叩き込むそうです。

この方法は、コンサルタントでなくても実践可能です。たとえば、新しい部署に異動になったとき、別の企業に転職したとき、新入社員として入社したとき、あるいは新規事業を立ち上げるときなどです。

　会社が用意した研修を受けたり、上司からの指示や業務を通して学ぶことも必要かもしれませんが、それでは限界があります。自分にとって未経験の新しい分野であるなら、その分野の本を10冊は購入していっきにまとめ読みすることをお薦めします。

　必要に迫られているので動機付けがされていますし、仕事に直結するので、普段は読めないような量でも集中して読めてしまうものです。

読む順番を工夫して効果的に知識を吸収する

　このとき、読む順番は気をつける必要があります。

　まずは、その分野の成功者のストーリーや、成功事例がたくさん紹介されているような一般読者向けの本から読むのがよいです。その本を通してモチベーションを高めたり、イメージを持つようにします。

　最近であれば、「マンガで分かる○○」といったビジネスマンも多く出ているので、イメージをつかむために、初めに読むのもよいでしょう。

　次に、業界全体のことを俯瞰できるようなビジネス書や入門書を読みます。

　詳細な知識を検証するよりも全体像をつかむことが目的です。

そのうえで、個々の詳細なテーマを扱ったものをそれぞれ読み進めていきます。一つのテーマを深掘りしたような書籍であるほど、ビジネスの具体的なヒントがかくされている場合があります。

個別テーマを扱ったものや、個別の企業を1冊まるごと扱ったものなどが複数あれば、それらを一つ一つ読み進めます。それぞれが関連する箇所や、言っていることが異なる部分なども意識しつつ、自分が業務にいかすならどう応用するかも意識して読みましょう。

上記の方法で合計10冊ほどをまとめて読めば、その業界・テーマの様々な知識が頭に叩き込まれた状態になります。これを3ヶ月ほどで集中して読むのがよいでしょう。3ヶ月の期間があると、業務にも一通り慣れて、問題意識も芽生え始める頃です。

本によって得た知識と、現場での業務の実践がうまく絡み合い、理解を深めやすくなります。**いわば、3ヶ月でその分野のセミプロになることが可能です。**

さらに、10冊まとめ読みした知識と、現場での問題意識がうまく化学反応を起こして、新しいアイディアや発想にもつながりやすいです。独学だからこそ得られた知識と発想によって独自の仕事を創造し〈独学2.0〉の成果を発揮しましょう。

| POINT | 1テーマ×10冊でその道のセミプロになろう |

出会った人の本を読み、
書評を書き、
語り合う

　読書が好きではない人は、本に対して、客観的だけれど、どこか自分とは遠い世界、あまり関係のない世界、というイメージを持っているかもしれません。

　私も本が好きになる以前はそういうイメージを持っていました。自分とは関係のない、遠い世界のことなんて、関心を持たないし、好きにならないのが普通ですよね。

　だから、「読書は重要だ」「本をたくさん読んだほうがよい」と言われて、なかば義務感で読んでみても、すぐに眠くなるし、続かないのです。

　そんな方にもお薦めしたいのが、**自分が出会ったことのある人、知っている人の本を読むこと**です。

　自分とは関係のない、遠い世界の人が書いた本ではなく、自分にとって身近で、関係が既にある人が書いた本であれば、どんなことを書いているのか、自然に関心がいきますよね。

　近い関係であれば、読んだあとに本人に直接感想を伝えたり、本で書かれていたテーマについて語り合ったりすることもできます。

　客観的に受身の姿勢でただ読んで、書いてあることを

理解すればそれで終わりというのは、義務教育で教科書を読まされているのと同じです。

　自分が主体となって本と対話し、可能であれば本を書いた本人である著者と語り合い、議論し合うことが、ドキドキワクワクするような生きた学びにつながるのです。それが〈独学2.0〉の読学法です。

　大学であれば、教授がよく本を書いています。この先生はこんなことを書いているんだ、この箇所は分かりやすいけど、ここはどういう意味なんだろう、といったように著者を身近に感じながらその本を読めば、自然と関心を持って読み進められます。

　そして、自分の感想や意見を、著者である教授に対して実際にぶつけてみるとよいのです。

　そこから生まれる対話は、生きた学びにつながります。また、教授も自分の本を真剣に読んでくれたらうれしいので、関係を深めるきっかけにもなります。

　本の著者になっているような教授がいる大学に通っていない、あるいは社会人なのでそんな機会はない、という人もいるでしょう。

　その場合、一般向けの講演会やセミナーに参加したりすることで、著者本人と会う機会をつくれます。参加する前に必ず講演者の本を読んでから参加しましょう。

　そして、セミナー中でも、終わったあとでもよいので、必ず質問をしたり、感想を伝えてみましょう。

　著者本人に直接質問したり、語り合うことができると思ってその本を読むのと、自分とは関係のない世界だと

思って読むのとでは、気持ちの入り方に大きな違いがうまれます。また、著者本人の講演を聞くときも、その人の本を読んだことがあるのと、そうでないのでは、講演内容に対する理解や吸収力に違いが生じるのです。

／　学んだことは書評やレビューを書く　／

さらにインターネット時代だからこそ効果的な独学法としてお薦めしたいのが、**会ったことがある人の本を読んだら、その書評をブログやFacebook、あるいは本のレビューサイトなどに書くことです。**

口頭で感想を述べるだけでなく文章にすることで、自分の感想や意見をより論理的に整理する作業がうまれるので、深い学びにつながります。

また、ブログ上に記録することで、その書評がストックされ、あとで参照することが可能になります。さらに、書いた書評を著者本人にお知らせすれば、（酷評していない限り）うれしいものですし、その著者と関係を深めることができます。いわば人脈づくりにもなるのです。

私は会った人が本を出していれば、必ずその本を読むようにしていますし、何らかのかたちでレビューを書いたり、話したりするようにつとめています。

出会った人の本を読み書評を書くという蓄積によって、新しい事業につながったり、ビジネスのヒントになったりすることもよくあります。

この本の読者の皆さんも、ぜひ本著の書評や感想をブログやSNS、Amazonなどのレビューサイトに書いてみてください。

　私も自分の本の書評には目を通しています。それがご縁で、どこかでつながって将来のビジネスにも発展するかもしれません。

　少なくとも私は、そんな想いを持って、本を読み、書評を書いています。〈独学2.0〉は、5年後、10年後に思いがけないところで芽を出す、ドキドキワクワクするような投資としての学びなのです。

POINT　自分がよく知る人の本を読み、感想を伝えてみよう

日々の学びはブログに記して、インプット→アウトプットの場を持つ

　出会った人の本を読んで、その書評をブログに書くことをお薦めしました。このことは、会った人の本に限らず、あらゆる本や読書以外の様々な学びの経験に対しても同様のことがいえます。人生の幅と世界をひろげる〈独学2.0〉の基礎ツールはブログです。

　学びにおいて重要なのは、「インプット」だけでなく、「アウトプット」の機会をたくさんつくることです。

　受験勉強でも同じで、教科書や参考書を読んでインプットを繰り返すだけでは不十分で、テスト形式で問題を解いたり、論述を書いたり、模擬試験を受けたりするアウトプットを行うことが非常に重要で効果的です。

　インプットとアウトプットをしっかりと組み合わせることで、学びの効果は飛躍的に高まるのです。

ブログは最強のアウトプットツール

　本はたくさん読んでいるけれど、あまり身についていない、実践にいかされている実感がないという人が陥りがちなのは、インプットに終始していてアウトプットが絶対的に欠けてしまうことです。

そんなときはブログをうまく活用することで、いわば
アウトプットの実践の場を設けられます。
　〈独学2.0〉において、**本がインプットのツールである
なら、ブログはアウトプットのツールです。**

　ブログはインターネット上で不特定多数の人に読ま
れ、コメントやアクセス数などの反応も返ってきます。
そこに書評や自分の学びに関する考えなどを文章にして
載せることで、自分自身の考えや主張を、他人が理解し
やすいように論理的に整理する絶好の機会になります。

　**自分の頭のなかだけでぼんやりと考えていたことも、
他人に分かりやすい文章にするには、しっかりと論点や
理論的根拠を整理しなければなりません。**
　そのアウトプットの過程自体が論理的思考のトレーニ
ングになるのです。

　さらに、書いたブログの記事はストックとして蓄積さ
れ、いつでも検索が可能になるので、あとで自分の書い
た内容を検索して参照することが可能です。
　この参照機能は論理を積み重ねていくうえで便利な
ツールになります。
　題材は本の書評以外にもたくさんあります。たとえば、
映画もただ鑑賞して終わりであれば娯楽の一つに過ぎま
せんが、映画のレビューや映画評をブログに書けば、表
現方法や大衆消費の背景などを分析する立派な学びの機
会になります。

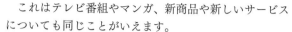

無関係な話題も「自分事」になる

　これはテレビ番組やマンガ、新商品や新しいサービスについても同じことがいえます。

　他にも新聞や雑誌、ウェブサイトの記事、他の人のブログ記事に関して、論考をブログに書くのも効果があります。毎日のニュースや政策論争は、ただテレビで観たり、記事を読み流すだけでは、自分の頭で深く考えることもせずに消費され流れていってしまいます。

　そこに、自分の言葉で論評を加えるアウトプットの機会をつくることで、自己の主張を論理的根拠のあるものにするために、より深く考えることになります。

　結果的に、世の中のあらゆる現象や社会に対して、より深い理解にもつながるのです。

　さらに、**ブログの記事に書くことで、自分とは無関係だと思っていたものを、より「自分事化」する機会になります。**

　自分事化することで、自身の仕事や新しいビジネスのヒントになるようなインスピレーションを得ることもあります。

　この論理トレーニングの積み重ねと、社会に眠っているあらゆるヒントの自分事化のストックが、中期的に重要な「学びの資産」になるのです。

　アウトプットは、より深いインプットにもつながります。

　インプット→アウトプット→インプットの効果的な学

びのループを繰り返すことが、学びの資産を増やし続ける中期的投資としての〈独学2.0〉を実践するポイントです。

　今日からでも、アウトプットのツールとしてブログを実践してみましょう。

| POINT | ブログで自分の考えを論理的に整理し
アウトプット力を高めよう |

SNSは
「独自CIA」
である

　ブログ以外にも様々なSNSがあります。

　単純に友達とつながるために使うという人が大半だと思いますが、独学という観点からは、SNSに対してどう向き合っていけばよいのでしょう。

　私はSNSを**「独自CIA」**として捉えています。CIAは米国の中央情報局（Central Intelligence Agency）のことで、ハリウッド映画でもおなじみで、一般的にはスパイ活動などのイメージがあるかと思います。

　諜報活動に限らず、様々なかたちで情報を収集分析し、戦略にいかすために「インテリジェンス」を扱う機関といえます。「インフォメーション」はただの情報でそれ自体に意味はありませんが、情報を分析したうえで、判断・行動するために必要な知識とすることが「インテリジェンス」です。

〈独学2.0〉では、SNSを通してアンテナを高く、広く、深く張り巡らせて収集した情報を分析し、インテリジェンスを扱うツールとして活用します。

　たとえば、本や新聞記事、雑誌の論考、マンガや小説などを読むだけでは、最終的な成果物を自分の脳にインプットするに過ぎません。

本を読むことが投資としての学びとして重要であることは間違いありませんが、それだけでは〈独学2.0〉として十分とはいえません。

　この段階では、まだインフォメーションにしかなっていないといえます。

　本ならその著者や編集者、新聞記事なら署名記事の記者、雑誌の論考ならその投稿者や雑誌編集者が、どのような背景で、どのような考えを持ってその最終的な成果物をうみだし活用しているのか、またどういったところに影響が及ぼされているのか、世論はどういった反応を示しているのかなどを分析し、**自分にとって意味のあるものとして活用できるかどうかまで考えることが〈独学2.0〉の考え方です**。そうすることで、本や記事から得られたインフォメーションを、インテリジェンスとして活用することができるのです。

　一昔前には、著者の考えや新聞記者の考えなどは想像するか、会って話してみることでしか得られませんでしたが、SNSはそれが可能となるツールです。

　Twitterアカウントを持っていればフォローしておき、本や記事を読んだあとにはリアルタイム検索をかけて、近況などを分析することも可能です。

　Facebookで友達としてつながっていれば、コメントをやり取りすることも可能です。その人の書籍や記事をしっかりと読んだうえでコメントすれば、本人にも喜ばれるでしょう。関係が深まったり、次のアクションにつながったりすることもあります。

会った人の本を読み、書評を書き、語り合うということを推奨しましたが、ブログだけでなく様々なSNSを活用することで、有機的なやり取りが可能となるのです。書籍や記事には書けなかったけれど、実はとても重要なポイントが本人から引き出せたりします。

　外交のインテリジェンスの場面でも、各国の政策担当者や意志決定権者と日頃から付き合っておくことで生の情報をいち早く得たり、自国に有利な方向に導いたりすることが重要といわれています。各国の新聞を読んだり、政府発表を待っているだけでは得られない有益な情報が、キーパーソンとつながっておくことで得られるからです。

　一般の立場で、多くの著者や新聞記者、様々なキーパーソンと日頃から付き合うことは難しいですが、SNS上でフォローすることは可能です。アンテナは日頃から高く、広く、深く張り巡らせます。

　そして、そこから得られる情報を分析し、自分にとって得られる示唆は何かを見出すことで、意味を持たなかったインフォメーションが有益なインテリジェンスになるのです。SNSをうまく活用することで、独自の学び〈独学2.0〉に役立たせる自分だけの「独自CIA」を持ちましょう。

POINT　SNSを活用して新聞には載っていない有益な情報（インテリジェンス）を集めよう

費用ゼロ！
YouTubeで
楽しく語学を磨く方法

　インターネットの活用でいえば、YouTube など動画サイトは語学の独学にとても有効です。

　私は『YouTube 英語勉強法』いう本を書いたくらい、いまの時代は YouTube を駆使すれば、英語がいつでも、どこでも、タダで、便利に、楽しく学べます。

　高い英会話スクールに通わなくても、高額な英語教材セットを買わなくても、分かりやすくて楽しい生の英語を、好きなだけタダで大量に視聴することができるのです。まさに英語の独学に適した環境が整っているのがいまの時代なのです。

　そうはいっても、YouTube にアップされているような英語は速すぎて難しい、と思っている人も少なくないでしょう。

　英会話スクールや英語学校では、日本人でも聞き取りやすいように、ゆっくりはっきりと話してくれます。

　一方で、ネイティブスピーカー同士で話しているようなアメリカのドラマやテレビ番組が、日本人には速すぎたり、スラングがあってハードルが高いのはたしかです。でも心配はいりません。

まずは、英会話スクールのように、ゆっくりはっきりと易しい英語で話してくれる英語動画を視聴すればよいのです。

／　今すぐ使えるYouTube無料動画　／

アメリカでは、ESL（English as a Second Language）という、英語が母国語ではない人のための英語授業があり、外国人に英語を教える専門家の先生がゆっくりと易しい言葉で英語を教えてくれます。この「ESL」というワードを YouTube 上で検索してみてください。たくさんの ESL 授業の動画チャンネルが表示されます。

私のお薦めは「JenniferESL」（http://www.youtube.com/user/JenniferESL）です。

女性英語教師であるジェニファーが分かりやすい英語の授業を配信しています。発音、語彙、文法、スラング、ミニレッスン（アメリカの記念日の解説など）のジャンルで、5分から10分前後の英語レッスンの動画が多数アップされています。海外留学しなくても、お金を払わなくても、まるで ESL 留学しているのと同じ授業を独学で受講できるのです。

他にも、様々な ESL のチャンネルがありますし、「English lesson」で YouTube 検索してもよいです。YouTube を使って独学で英語学習をするときのポイントは、自分の英語レベルに合わせて段階を踏み、かつ自分の関心のある好きな英語動画を選び、楽しく、継続して、たくさん視聴することです。

『YouTube 英語勉強法』では英語レベルに合わせた6つのステップを紹介しています。

すなわち、ステップ1は ESL などの英語授業、ステップ2は料理番組やアニメなど自分の関心に合わせて楽しく気軽に視聴できる動画、ステップ3はじっくりと聴いて文字おこしするディクテーション、ステップ4は好きな芸能人のインタビューなど生の英語、ステップ5はスピーチ動画や英語ニュース、ステップ6はドキュメンタリーや無料映画、といったように段階を踏んでステップアップさせていきます。

私も初期の頃に失敗しましたが、まだ慣れないうちにBBC や CNN などの速くて難しい英語ニュースに挑戦してもさっぱり聴き取れなくて、すぐに眠くなってしまいます。独学で失敗する典型的な例です。

そうではなく、**自分のレベルに合わせて、しかも楽しい英語動画を飽きないように継続して視聴することが、無理なく英語のレベルアップを可能にする独学法です。**

今回は英語を例に紹介しましたが、動画サイトを活用して他の語学でも同様に独学が可能です。実際に私も英語だけでなく、韓流ドラマや映画をたくさん視聴して韓国語もマスターしました。肩肘張らずに楽しく続けることが、〈独学2.0〉による語学修得のポイントです。

POINT YouTubeで無料で効果的に英語を学ぼう

頭のなかに
「仮説思考」と
「フレームワーク」を持つ

　これまで紹介してきた独学手法は、主に読むことと、書くことが多かったと思います。

　言い方を変えるとインプットとアウトプットです。インプットは読むこと以外にも、聞いたり、見たりすることも含まれますし、アウトプットは書くこと以外には話すこと、物をつくることもあります。

　独学はこのインプットとアウトプットをいかに効果的に行うかがポイントです。効果的に行うためには、ただやみくもに量をこなせばよいというわけではありません。

　本をたくさん読むことは必要ですが、流行の自己啓発書ばかり読んでいてもそれ以上先に進めないでしょう。読書でいえば、本著では「ポートフォリオ」という考え方で読むことで、読書に幅と深みをつける手法を提示しました。

　また、「これからは独学の時代だ！」と思って、やみくもに独学したとしても果たしてほんとうに成功するでしょうか？

　ただひたすら自分を信じて「ガリ勉」すればよいのでしょうか？

私は決してそんなことは推奨しません。

　時代や目的に合った独学のスタイルがあり、本著では
それを目的とタイムスパンによって、〈独学1.0〉〈独学
2.0〉〈独学3.0〉という分け方で読者に提示しています。

　こういった手法というのは、思考のフレームワークを
持つということです。「独学が大事だ！」と思ったとき
に、「受験だって独学でもできる」「本はたくさん読む
べきだ」「ネットの発展で独学がしやすくなったから活
用しよう」等々、思い浮かんだことをすべてやみくもに
やってもうまくいきません。

　それらを、何らかの切り口によって整理してみるので
す。本著では、明確な短期目標を実現するための独学を
〈独学1.0〉、明確な目標が定まっていなくても中期的ス
パンで教養の幅をひろげる独学を〈独学2.0〉、その2つ
を組み合わせて長期的に大きな夢を叶えるための独学を
〈独学3.0〉というふうに、仮の切り口を設定してみまし
た。そうすると、こっちの方法は1.0だ、あっちは2.0だ
というふうに頭のなかが整理されます。

　もし、どこにも当てはまらないものがあれば、切り分
け方をもう少し変えてみるということもできます。

フレームワークはインプットと
アウトプットの質を高める

　独学という観点では、そのようなフレームワークを使
いましたが、類似している別の切り口では、私は『16倍
速勉強法』という本を書きました。

これは、効果的な勉強法を紹介したものですが、勉強成果＝地頭×戦略×時間×効率という仮の方程式をつくって提示しました。勉強の成果が、何によって決まってくるのか、いわば因数分解をしたわけです。

　勉強でも仕事でも、思考にフレームワークを持ち、また、それが絶対的に正しいと確証が得られたものでなかったとしても、仮説を立てて物事を考えていくことで、思考が整理されます。インプットとアウトプットを進めていくうえでの羅針盤ができます。

　そのフレームワークと仮説に基づいて、実践したものを常に検証し、PDCAを繰り返すことで、インプット⇔アウトプットの質が高まるのです。

 思考にフレームワークを持ち、頭のなかを整理する羅針盤を持とう

視野をひろげる
「フィールドワーク」の
すすめ

インターネットの便利なツールをうまく活用するのが〈独学2.0〉の特徴の一つですが、だからこそ、その対極にあるようにも見えるリアルな現場での学びも大切です。学びという観点からは、フィールドワークに出るということです。

独学で陥りやすいのは、自分が見えている世界、既に関心のある世界、手の届く世界に留まって、その枠を超えて新しい世界を見ることができない状態になってしまうことです。

1年後の受験などに向けた短期目標達成のための〈独学1.0〉であればよいのですが、中期的に投資していくための〈独学2.0〉において、それでは不十分です。

インターネットは掲載されている情報自体は膨大なひろがりがありますが、かなり意識して自分で取りにいかないと、実際にアクセスする情報は非常に狭い世界になりがちです。

自分が関心のある人だけをフォローし、仕事や既存の趣味に関係のあるワードを検索し、お気に入り登録している同じウェブサイトをチェックする。その繰り返しでは、新たな気づき、学び、発展がうまれません。

いわば視点が固定されている状態です。

その視点を日常よりも少しずらしてみたり、まったく逆から発想してみたり、見たこともなかったものに触れたり、体験したりすることが、実は中期的な学びの観点から非常に重要です。

具体的にどうしたらよいでしょう。

それは、遊び、旅、異なる人との対話をすることです。そんなことはいつもしているよ、という人もいるでしょう。逆に、勉強や仕事に熱心な人は、忙しくてあまりできていないかもしれません。

いつもしているという人は、その現場をしっかりと〈独学2.0〉にいかしてください。

最近そういえば遊んでいないなという人は、フィールドワークに出るつもりで、意識して遊びや旅の機会をつくってみてください。

そして、〈独学2.0〉では、遊び、旅、異なる人との対話を、ただ楽しかったといって消費して終わるのではなく、学びのフィールドワークとして捉え、学びにつなげていきます。

具体的にどうすれば、遊びや旅が学びのフィールドワークになるのでしょうか。逆説的かもしれませんが、ブログに記事を書くことです。

遊びや旅を通して、自分が楽しかったこと、得られた新しい視点や気づき、それらを不特定多数の人に分かりやすく、魅力的に伝えようとすることで、学びとして消化され、知的資産として吸収されていくのです。

ブログに書く（かもしれない）という前提があることで、遊びでも旅でも、どんなところでも、そこは取材現場になり、研究のフィールドワークになります。

　飲み会や人と出会って話すことも、ブログというオウンドメディアのネタになるかもしれません。

　ブログに書くならどう書こうかなという意識を常に持っていること自体が、知的なアンテナになるのです。

　いわばジャーナリストのアンテナ、ルポライターのアンテナ、研究者のアンテナを持ちうるのです。

　そして、その知的アンテナを強く刺激し、新しい発想を得させてくれるのが、旅や遊びのフィールドワークです。

　ネットとリアル、ブログとフィールドワークをうまく融合させ、知的アンテナを刺激し、知的資産を蓄積していくのが〈独学2.0〉の知的投資法です。

POINT　ネットとリアルを組み合わせて知的資産を増やそう

子どもの発想で 「ＣＱ＝好奇心指数」を 高める

　塾や学校で誰かから教えてもらう場合、その誰かはたいてい自分よりも年上の大人です。結果的に、過去の知識や技術を習うことはできます。

　それがいますぐに使うものであればよいのですが、5年後や10年後、20年後に必要とされるものであればどうでしょう？〈独学2.0〉で教養の幅をひろげるのは、5年後、10年後、そして20年後に効果を発揮するための投資としての独学です。

　未来のために投資するのに、過去の人から過去のものばかりを教わっていては、未来において役立つのかどうか分かりません。

　そこで私が推奨するのは、**「未来の人」である「子どもの発想」を取り入れる**ことです。子どもは10年後、20年後に社会の担い手になります。いまの子どもたちが未来の社会をつくるのです。

　だから、未来のことは子どもに聞くのが一番ではないでしょうか。

　もちろん、子どもに受講料を払って先生になってもらうわけにはいきません。

そんな塾や習い事は存在しません。

だからこそ、独学で独自に学ぶことで、未来において人と差をつけられるのです。

ジャーナリストの池上彰さんは、世の中のことや時事ニュースなどを分かりやすく伝えるプロとして、テレビ各局からひっぱりだこなくらい人気です。

書店に行っても、池上さんの本がずらりと並べられてあります。そんな池上さんが未来のために投資した学びとはなんだったのでしょうか？

もちろん、たくさんの新聞や本を継続して読んでいることは基本ですし、日本放送協会（NHK）で記者をやっていたことも役立っているでしょう。

でも、それだけであれば、他のあらゆるジャーナリストが実践しています。

記者の先輩や上司から、過去の知識としてのジャーナリストの心得を教わるのも、皆が通過していることです。他のジャーナリストがやっていないけれど、**池上さんが特別に経験したことは、「子どもの発想」を取り入れたことです**。

つまり、「週刊こどもニュース」でお父さん役として編集長兼キャスターを12年間も務めたことです。池上さんは、子どもたちにもニュースを知ってもらうために、難しい言い方ではなく、分かりやすく易しい伝え方を心がけたのです。

実際に子どもに説明をしてみて、何がどう分からないのかを確認する作業を続けました。その過程を経ること

で、大人にとっても新たな発見ができたというのです。

　子どもに分かりやすくニュースを伝える番組を、子どもと一緒につくってきたという12年間の経験が、大きな知の資産になったことは間違いありません。

　では、池上彰さんのようにこどもニュースの仕事に携わる機会は普通はないでしょうから、どうすれば「子どもの発想」を取り入れて、それを〈独学2.0〉の実践とすることができるのでしょう。

子どもの発想を得る方法

　いますぐにでもできることとしては、子ども番組、子ども向けのアニメや映画、マンガを観ることです。

　また、子ども向けのレジャー施設に行ったり、博物館や科学館、海や山、川などの自然に行ったりすることも子どもの発想を得る機会になります。

　子どもたちの間で人気のあるものに触れ、その特徴を考えたり、子どもに伝わり楽しまれる表現を学んでおくことが、「子どもの発想」を理解し、「未来の常識」を学ぶことにつながるのです。

　たとえば、子どもと一緒に本格的なアスレチックに行くと、ものすごく真剣に取り組み、時間を忘れて集中します。アスレチックの何が楽しいかというと、少し難しいチャレンジが、いろいろとかたちを変えて次々に出てきて、一つ一つをクリアする達成感を味わえることで

す。このちょっと難しいことができるようになる達成感というのは、まさに勉強でもスポーツでも、そして仕事でも、成長するための秘訣です。

そういったことを、子どもの遊びと一緒に体験することで、身体で実感することができるのです。

さらに効果的なのが、**子どもたちの前で話す機会をつくることです**。子どもたちに話すには、難しい言葉を長々と話していては通じません。難しいことも、分かりやすく、シンプルに、しかも楽しく話ができないと、子どもには聞いてもらえません。

ツカミを考えたり、身近なたとえやストーリーを入れたり、一番伝えたいポイントを繰り返したり、様々な工夫が必要です。そういった過程を経ることで、伝え方をブラッシュアップできるだけでなく、自分自身がその内容の本質にたどり着いたり、潜在的な楽しさを発見できたりするのです。

私の場合、子どもたちの前で講演をしたり、仕事として学校でのプログラムを企画運営したりする機会があります。そういった機会がない場合も、自分の子どもにニュースを解説してみたり、仕事の話をしてみたりするのもよいでしょう。

これからの時代は、IQ（Intelligence Quotient、知能指数）だけでなく、CQ（Curiosity Quotient、好奇心指数）が重要であることが、欧米の学界やビジネス界の間で指摘され始めています。

好奇心といえば、子どもは好奇心のかたまりのような
存在ですが、CQ を Children Quotient（子ども指数）と
呼ぶ人もいます。

　子どもと対話することは、好奇心を高め、物事の本質
や楽しさを発見し、未来と対話する作業です。〈独学2.0〉
として、子どもと積極的に対話し、子どもの発想を取り
入れていきましょう。

POINT	子どもの発想を取り入れて、未来の常識をうみだそう

ハーバードでも推奨される自分と異なる人との対話

　子どもと対話することは未来との対話です。

　一方で、古典や本を読むことは、過去や歴史との対話です。

　現在の自分の生きている世界の枠を超えて、思考の回路をひろげ、発想の切り口をたくさん持つことが、思考力・創造力を高める秘訣です。

　独学をするうえでは、自分の狭い世界だけにとどまらないように心がけてください。過去や未来との対話以外にも、自分の世界の枠をひろげる方法があります。自分とは異なる分野の人、異なる業種の人、異なる立場の人、異なる国や言語、文化、宗教の人と積極的に対話することです。

　いわゆる多様性の環境のなかに身を置くことです。

　私はこのことをアメリカに留学しているときに強く感じました。ハーバードをはじめとするアメリカのトップスクールに、様々な国や州から、様々な人種や民族の、個性ある多様な学生が集まることはよく知られていると思います。入学選考の段階から、そのような意図を持って学生を選んでいるからです。

そして、その多様なバックグラウンドを持ち、異なる分野を専攻した学生たちが、学部生ではほぼ全寮制として、皆が同じ寮で生活をともにして切磋琢磨するようになっています。

　これは親元を離れてきた学生たちに住居を提供するだけでなく、多様性のある生活環境のなかに身を置かせて、異なる背景を持った学生同士が自然に対話をできるようにするという意図があるからです。

　大学院でも寮を充実させていますし、多くの国々から多様なバックグラウンドを持ち、幅広い年代の人たちが学びにきているため、キャンパスや教室、寮にいると自然に多様性という荒波に投げ込まれ、切磋琢磨することになります。

　一方で、東大で学んでいたときは、大半が日本人で、しかも同じようなバックグラウンドを持った学生たちが集まる均質な環境でした。

　留学生も多少いたのですが、中国人や韓国人などアジア系で日本語も上手な人ばかりです。東大とハーバード、日本とアメリカの大学から、イノベーションがうまれるという点で差があるとしたら、そういった点にあるのではないかと感じています。

　多様性という点でハーバードの環境は素晴らしかったですが、自分とは異なる人との対話は、ハーバードに留学しなくても独学で実践できます。

　先に挙げた旅もその一つです。旅先で出会った人、たとえばタクシーの運転手、レストランやカフェで隣に

座った人、訪問した観光施設や宗教施設の人など、偶然に出会う異なる人と対話することで、普段考えてもいなかったことを発想する機会になるかもしれません。

　私はこれまで出張で30カ国以上を回り、欧米諸国だけでなく、アフリカやインド、バングラデシュ、ブラジルなど様々な国を訪問し、様々な立場の人と対話をしてきました。もちろん仕事の話もしますが、ちょっとした雑談や道端で出会った人たちとの対話からも、多くの刺激を受け、発想が柔軟になります。

　旅や出張以外でも、異分野の人との対話を意識して実践することは可能です。いわゆる異業種交流会や、ちょっとした飲み会もその例といえるでしょう。

　ただ、これまで誰もがやってきたことを同じようにやっていては、独学ならではの効果を発揮できません。

／　SNSからリアルな対話につなげる　／

　ここでは、〈独学2.0〉ならではの対話法を紹介します。TwitterやFacebookなどSNS上での異分野の人との対話を、リアルな対話につなげることです。

　特に、Twitterは友達同士でなくてもフォローし合うことが多いので、ツイートを読んで気になる人がいれば、メッセージを送ったり、会って話をしてみるとよいです。私もSNSがきっかけで、これまで付き合いのなかった人と会って交流を始めたことがあります。

　そのときに「初めて会った気がしない」とよく言われ

ますが、SNS上での対話や、私が常にブログで発信していることが、リアルな関係づくりにも役立っています。

　仕事上での接点はないし、分野もまったく異なるけれども、その業績や発言が気になる人、会いたいと思えるような魅力的な人と積極的に対話することで、普段の自分の枠とは異なる発想を得られます。

　その積み重ねが、5年後、10年後に芽を出す投資としての学びにつながるのです。

　ハーバードではその環境を学生寮やキャンパスで意図的にデザインしていますが、〈独学2.0〉ではリアルとネットでの両方の生活のなかに、多様性のある環境や異なる人との遭遇の場をつくることがポイントです。

POINT　自分とは異なる人と接することで発想を柔軟にし、思考の幅をひろげる

蓄積された知識を
熟成して「創造の材料」
に変える

　これまで述べてきた〈独学2.0〉の方法は、人生の幅と世界をひろげる教養を身につけるための独学法であり、**5年後、10年後に芽を出すための知的資産への投資です。**

　すぐに役立つわけではありませんが、思考法として別の分野の参考になるかもしれませんし、月日を経たあとに、仕事に役立つときがくるかもしれません。

　そのためには、得られた教養や知識を「熟成」させることが必要です。

　吸収した学びを頭のなかに保存しておき、自分の頭のなかでは他の知識と融合させながらも、ある程度放っておきます。

　それがあるときになって、「前に本で読んだあのことが、いまのこの問題を解決するうえで役立つヒントになるかもしれない」「この事業に新しい切り口を加えるには、あのときの知見が応用できそうだ」といった具合に、頭の貯蔵庫から熟成されて出てくることがあります。いわば、天からアイディアが降ってきたような感覚、「インスピレーション」を受けるのです。

このインスピレーションも、どんなに外部から刺激や情報が与えられたとしても、自分の頭のなかに、それを受けるだけの熟成された思考の土壌がないとかたちにはなりません。

熟成されたメニューのレパートリーが多いほど、発想の切り口や視点、思考の材料を多く持つことになります。それが結果的に、新たなものを創造する力になるのです。

スティーブ・ジョブズが、大学中退した直後にカリグラフィー（文字を美しく見せるための手法）の授業を気の向くままに聴講した経験が、後にアップル社を創業しマッキントッシュを開発する際、美しいフォントをつくるのに役立ったというエピソードは有名です。

ジョブズは、伝説となったスタンフォード大学卒業式のスピーチで、「点と点をつなげる（connecting the dots）」というメッセージを強調しました。

すぐには役立たないと思えるようなものも頭のなかで熟成させ、その熟成された点同士を、あるきっかけを通して得られたインスピレーションによってつなぎ合わせることで、思ってもいなかった創造がうまれます。

本著で私は、本が苦手な人はマンガをきっかけに読書をすればよいという方法を紹介しました。実は、この読書術は私が何気なく実践してきたのですが、ある出版社の編集者からそれは面白いと言われ、『マンガで鍛える読書力』や『頭がよくなる！マンガ勉強法』という本にまでなりました。

本を書きあげたあとは、マンガと学びをつなげるという考えは、私の頭の貯蔵庫にしまわれていました。

　しかし、新しい学びのイノベーションを起こせるような新規事業を企画しようと悩んでいたとき、いま学習マンガ人気が再燃しているという新聞記事を読んだことをきっかけに、これを社会的な事業にしようとインスピレーションを得ました。

　結果的に、学びにつながるエンタメマンガ作品を選書推薦し、図書館などにおいてもらう「これも学習マンガだ！」というプロジェクトになりました。全国の学校図書館や公共図書館などから大きな反響を得ています。

　高校時代にマンガ『お～い！竜馬』と小説『竜馬がゆく』を読んだ経験が、頭のなかで熟成され、ユニークな勉強法という私の得意分野である点とつながったことで10年後には本になり、学びに関する新規事業という仕事の点とつながったことにより、15年後には事業になったという一例です。

　せっかくひろげた教養の幅を、知識そのものだけで終わらせるのではなく、創造のための材料として、あるいは物事を多角的に思考し、発想するための切り口として、うまく活用するのが〈独学2.0〉の特徴です。

POINT　いま蓄積された知識は、未来のアイディアにつながる

自分の知のレベルを
アップデートさせる
〈独学2.0〉まとめ

　本著のPart0で、これからの時代は人工知能（AI）の発展によって、これまで人間がやってきた仕事の多くが機械にとって代わられる、そこには銀行の融資担当や保険の審査担当者などの知的職業と思われているものも含まれ、実に約半数の仕事が自動化されるという分析を紹介しました。

　学校で習うような既に確立された知識を覚えているだけでは、AIには到底勝てないので、職業にはつながらないということです。

　10年後に他の人たちと自分を差別化するだけでなく、AIに勝つための武器を得るには、常に新しいことを学び続け、その学びから新しい発想をしたり、異なる分野のものを融合させたりするなど、より高次元で創造的なことに取り組んでいかなければなりません。

　〈独学2.0〉は、まさにそのための学びの実践です。

　一人で孤独に学ぶのではなく、独自のスタイルで、ドキドキワクワクを極める学びが〈独学2.0〉です。

　単なる読書ではなく、多様で、幅広く、深みのあるインプット。過去、未来と対話し、自分の世界をひろげる

知的冒険としての学び。マンガや YouTube、それに遊びや旅、子どもとの対話、これまで学びとは結びついていなかったようなものを取り入れて、独自の学びのスタイルとしてデザインすることで、思わぬインプットが楽しめます。学校では学べないような新しい分野を開拓することが可能になります。

　既存の塾よりも、はるかに安い費用で効果的な学びができます。

　そして、インプットしたものを頭のなかに熟成させるとともに、アウトプットする場、そこからフィードバックを得る場をデザインします。

　特に、ブログをはじめとした SNS を最大限活用することで、孤独ではなく、多様な異なる人とつながりながら独自の学びを実践するのが〈独学2.0〉の特徴です。

　読んだ本の書評をブログに書いて発信し、蓄積する。その書評や SNS 上のやり取りから著者本人や、同じ課題意識を持った他分野の人とつながる。そのつながりからうまれる対話によって、新たな知の刺激を受ける。その刺激が、他の機会で蓄積、熟成された知識と化学反応を起こし、新たな創造の種がうまれる。

　さらに、創造の種となるアイディアをブログや SNSで発信したり、提言することで、実現するためのネットワークがひろがり、アイディアが具体化する。インプットとアウトプットを効果的に繰り返すことで、そんな知Ｐの好循環がうまれるのが〈独学2.0〉の学びのスタイルです。

人生の幅と世界をひろげる〈独学2.0〉は、自分の知的資産を増やす未来への投資であると同時に、自分自身の知のレベルをアップデートさせる作業ともいえます。

　パソコンの OS をアップデートすることで、情報処理能力のスピードや使用できるソフトなどの基本スペックが向上するように、自分自身の知のレベルをアップデートしていくことで、扱える知のインプットやアウトプットの質と量が変わります。

　その変化をアウトプットにつなげていくことで、創造がうまれるのです。未来への投資として〈独学2.0〉を実践し、自らの知のレベルをアップデートしていきましょう。

PART 3

独学3.0

一生学び続ける

秘訣をつかみ

夢を叶える

独学術

自力で一生
学び続けることで
夢を叶える〈独学3.0〉

　短期の目標を実現する〈独学1.0〉と、中期的に教養の幅と世界をひろげる〈独学2.0〉の具体的な方法について紹介してきました。この短期の〈独学1.0〉と中期の〈独学2.0〉を組み合わせて、一生学び続けることで、生涯を通して成し遂げたい夢を実現させるための長期的な独学法が〈独学3.0〉です。

　たとえば、東京大学に合格すること自体が最終的な夢であれば、合格してしまえば18歳で終わってしまいます。司法試験に受かって弁護士になること自体が夢であれば、これも弁護士になった時点で夢は完結してしまいます。これらは一生を通して成し遂げたい夢のための中間目標のはずです。

　そうではなく、たとえば、新しいテクノロジーで世界中の人々が簡単にコミュニケーションをできるようにするとか、弁護士としての知見をいかして難民の人権保護のために貢献するとか、一生を通して挑戦し続けたいと思えることが夢なのだと思います。

　その夢の実現には、途中で具体的な資格を取得したり、語学をマスターしたり、必ずクリアしなければならない条件も出てくるでしょう。

その条件については明確な短期目標を設定して、〈独学1.0〉の実践によって必ず達成させます。

　ただし、条件をそろえることは、夢の実現のために必要であっても、十分ではありません。まだ世の中でできていないことを、複雑で常に変化していく社会のなかで実現させていくには、マニュアル通りのやり方では通用しません。

　だからこそ、どんなことにも通用する教養力をつけ、新しい分野を自らが独自に開拓し続けなければなりません。それが〈独学2.0〉です。

　〈独学2.0〉の実践のなかで、新たに発見した創造の種や、具体的に見えてきた新しい目標が定まれば、そのときにはまた〈独学1.0〉を実践して必ずその目標を達成させます。

　この〈独学1.0〉⇔〈独学2.0〉の繰り返しを一生涯続けることが、まさに生涯を通して大きな夢を叶える最強の独学法、〈独学3.0〉です。

　私は、東大合格という短期目標を〈独学1.0〉によって達成させたあと、大学4年間ではありとあらゆる分野の本を1000冊以上読み、〈独学2.0〉につとめました。

　その期間があったからこそ、「日本をして世界に貢献できる国にする」という漠然とした夢から、自分自身が留学して世界で研鑽を積むという新たな具体的目標に落とし込むことができたのです。

　そして、もう一度〈独学1.0〉を実践し、ハーバード大学院に合格しました。

ハーバードでは、視野が一気にひろがり、講義以外の時間も〈独学2.0〉の実践期間でした。

　特に、自分の人生にとって大きかったのは、非営利団体の活躍を目の当たりにしたことです。

　世界では、政府でもなく、企業でもなく、民間非営利団体が、すばやい動きとイノベーティブな手法であらゆる難問に取り組み、解決策を実践しています。

**　これからの時代は、政府で役人をするだけが、日本や世界を変える唯一の手段ではないと感じました。**

　私がいま、民間非営利の立場で、新規事業を次々と立ち上げ社会にイノベーションを起こせているのは、このときの〈独学2.0〉が原点となっています。

　仕事以外でも、これまで14冊以上の本を著し、メディアを通して様々な発信や提言をし続けられているのは、短期の〈独学1.0〉と、中期の〈独学2.0〉を組み合わせた〈独学3.0〉を実践しているからです。誰にやらされるでもなく、夢へのプロセスとして、ドキドキワクワクしながら自らの意志でやり続けています。

　アメリカの著名なジャーナリスト、ダニエル・ピンクの著作に『モチベーション3.0』という本があります。

　そこでは、〈モチベーション1.0〉は空腹を満たしたり、生殖など生存本能に基づくもの、〈モチベーション2.0〉は工業化社会におけるアメとムチで駆り立てられる動機と定義付けられています。

　しかし、現代社会ではアメとムチの動機付けが機能し

なくなっており、学びたい、創造したい、世界をよくしたいという内発的な動機付けが必要であると説き、それを〈モチベーション3.0〉と称しています。

〈独学1.0〉〈独学2.0〉の定義と、〈モチベーション1.0〉〈モチベーション2.0〉の定義はまったく異なるものですが、〈独学3.0〉と〈モチベーション3.0〉は相通ずるものがあります。

アメとムチで勉強させたり、仕事をさせたりするやり方では機能しない時代になってきているので、自らが学びたい、やりたいと思える内発的な動機を持ち続けることが、すべての成功の鍵になります。

〈独学3.0〉は、新しい時代に必要な動機付け〈モチベーション3.0〉を実践する独学法でもあるのです。

夢を叶えるために必要な 「ハイブリッド型独学」を 身につける

　夢を叶える〈独学3.0〉に必要な力とはなんでしょう。物事に対してどんなことにも論理的に考えて整理する論理的思考力でしょうか？

　それとも、誰もが思いつかないようなことをひらめく発想力でしょうか？

　実は、長期的に夢を叶えていくには、どちらも必要です。**論理的思考力と発想力、一見対照的な2つの力ですが、この両方を兼ね備えるハイブリッド型のスタイルを使いこなすのが〈独学3.0〉です。**

　〈独学1.0〉は定めた短期目標に対して、やらなければならない必要な要素を分析し、計画を立てて実践する、いわば論理的思考に基づいた独学です。

　しっかりと順序立てて考えていけば、何をやらなければならないか、何が優先順位が高いのかがはっきりと分かります。

　しかし、変化の激しい社会において、長期的に夢を叶えていくためには、そういった論理的思考だけでは及ばない範囲があります。ときに視点を180度変えてみたり、

これまで考えてもみなかった分野と組み合わせたりすることでうまくいくことがあるのです。

そういった様々な視点、観点から発想したり、新しい分野を開拓し組み合わせたりする力は、教養の幅と世界をひろげる〈独学2.0〉で鍛えることが可能です。

〈独学1.0〉×〈独学2.0〉、論理的思考力×発想力、両方のよいところを使いこなすハイブリッド型の独学スタイルが、これからの時代を生き抜くための〈独学3.0〉です。

厳密には異なりますが、論理的思考力×発想力のハイブリッド型のスタイルを、次のようにも言い換えることができるかもしれません。

・理系的思考×文系的・芸術的思考
・左脳×右脳
・文献×フィールドワーク
・オフィス内×オフィス外
・改善×創造

ハーバードをはじめとするアメリカのトップスクールでは、日本の大学や高校のように初めから理系と文系という分け方をしません。

学部時代はリベラルアーツの考え方から、理数工学系の科目と文学哲学芸術系の科目を幅広く履修し、教養を深めます。

また、文献調査による研究だけでなく、フィールドワークや学生同士のグループワークも重要視するのが特

徴です。まさに、論理的思考力×発想力のハイブリッド型の力を鍛えようとしていることが汲み取れます。

　私は東大の学部時代までは理系だったので、どちらかというと論理的思考のほうを先立てるタイプの人間でした。

　転機となったのは日本を出て、韓国留学したり、ハーバードに留学したりすることで、世界には多様な考え方があることを肌身で感じたことです。

　その後も、世界30カ国以上で仕事をしていくなかで、現場から得られる発想の重要性を実感してきました。旅先や出張現場、人と話しているときや、別の分野の本を読んでいるときなど、ハッとひらめくようなインスピレーションを得て、それを書き留めて具現化することが増えました。

　もちろん、その新しいアイディアを具現化するためには、論理的思考が役立っていることはいうまでもありません。

　論理的思考力×発想力のハイブリッド型〈独学3.0〉で、夢をより豊かにし、叶えていく力が身につきます。

 POINT　論理的思考力と発想力を両方鍛えて
　　　　　　　　長期的な夢、目標を実現させよう

「人生50年 計画」を 立てる

　夢を叶えるために使える時間はどのくらいあるのでしょう。健康寿命も定年年齢も延びてきているので、期間は時代が進むにつれて長くなるかもしれませんが、仮に50年としましょう。15歳から65歳、あるいは18歳から68歳くらいの期間です。

　この50年間のビジョンを持っている人はどのくらいいるのでしょう。10代、20代であれば50年先、2070年が人生の仕上げの時期、夢を実現させる時期です。30代、40代でも30年先、2050年がその時期です。

「人生50年計画」といえば、ソフトバンク創業者の孫正義さんが有名です。「20代で名乗りを上げ、30代で軍資金を最低1000億円貯め、40代でひと勝負し、50代で事業を完成させ、60代で事業を後継者に引き継ぐ」というものです。

　孫さんの場合は、人生を10年区切りに考え、その10年ごとの大まかな目標・指針を立てています。実際に、10代でアメリカ留学したのちに、20代で起業し、30代でソフトバンクを成長させ、40歳前で米 Yahoo 社と合弁でヤフー株式会社を設立、40代で携帯電話事業に参入、50

代でiPhoneの日本における初期独占販売で成功し、海外企業の買収も積極的に行っています。

孫氏の頭のなかに「人生50年計画」が描かれていなければ、いまのソフトバンクはなかったかもしれません。孫さんの事例は壮大すぎるかもしれませんが、人生50年のビジョンを持っていることが、自身のなかから湧き立つモチベーションになってきたことは間違いないでしょう。10代の頃に小説『竜馬がゆく』に触発されて「脱藩」に憧れ、日本の高校を中退してアメリカ留学したように、独自の学びを貫いてきたことも特徴です。

／　　人生のモデルとなる人を見つける　　／

人生50年計画の第一歩として重要なのは、計画の緻密さの前に、内発的な動機が湧き出るようなものであるかどうかです。

学びたい、創造したい、世界をよくしたいというモチベーションが長期的な原動力となるからです。

その動機付けの方法の一つに、モデルとなる人を見出すというやり方があります。

孫正義さんであれば、それが坂本龍馬だったわけです。人生50年計画のモデルは、モチベーションやインスピレーション、ドキドキワクワクするようなイメージが重要なので、まったく同じ職種ではない人や歴史上の人物でも問題ありません。そういった意味で、歴史の本や伝記などを読む〈独学2.0〉がここで役立ちます。

私も実は孫さんと同じように『竜馬がゆく』に触発された人間なのですが、それ以外には、内村鑑三や新渡戸稲造が好きで人生のモデルとしています。新渡戸稲造は、以前の5000円札にもなった人物なので、多くの人が顔と名前くらいは知っているかと思います。

　新渡戸稲造は10代で札幌農学校（後の北海道大学）に入学。Boys, be ambitious（少年よ、大志を抱け）で有名なクラーク博士が教えた学校です。

　その後、20代でアメリカのジョンズ・ホプキンス大学に留学して学び、30代は母校の札幌農学校で助教授として教えます。

　そして、38歳のときに、後に世界的なベストセラーとなる『武士道』を英語で出版します。

　その後、台湾総督府へ技官として赴任したのちに、40代、50代で京都帝国大学や東京帝国大学の教授、58歳で国際連盟事務次長に就任します。

　私は、「日本をして世界に貢献できる国にする」という夢を持っているので、日本の精神や文化を世界に紹介する『武士道』を著したり、日本国内で教育活動に励むと同時に、国際的に活躍した新渡戸の生き様に、大いに刺激を受けます。

　自分自身が、アメリカや韓国に留学したり、本の執筆出版に力を入れているのは、その刺激を受けて定めた自分の人生50年計画を実行しているからです。

　いつか私も、『武士道』に類するような本、日本を紹介し、日本の進むべき道を示せるような世界的ベストセ

ラーを書きたい、そんな夢を持っています。

　読者の皆さんもぜひ、自分自身の夢を叶える人生50年計画を立ててみてください。

 人生は一度きり。人生50年計画を立て、夢を叶えるイメージを持とう

PDCAを回して
夢の実現力を
大きく高める

　巷でよく「PDCA」という言葉が出てくるかと思います。Plan（計画）、Do（実行）、Check（評価）、Act（改善）の略で、業務改善していくために必要なサイクルのことです。仕事ではよく使われますが、勉強ではどうでしょうか？　自分自身の夢の実現に向けてはどうでしょうか？

　本著でいえば、〈独学1.0〉の手法はまさにPDCAの実践によるものです。戦略に基づいて計画を立てて勉強を実践し、模擬試験などで定期的に自分の実力をチェックしながら、勉強の仕方や計画を絶えず改善していくという方法です。

　こういったPDCAサイクルの手法は、期間が短く目標が明確に定まっているときは実践しやすいです。短期目標を実現する〈独学1.0〉が、PDCAと合致するのはそのためです。

　しかし、何十年とかけて叶えたい大きな夢であるほど、PDCAサイクルを回すのが難しくなります。

　先に「人生50年計画」を立てようと書きましたが、50年先のことはCheck（評価）ができません。したがって、**人生50年計画も、50年先の叶えたい最終的な夢だけを**

決めて満足してはいけません。

　50年先の最終ゴールにつながる40年後、30年後、20年後、10年後、そしていまから数年後の計画を大まかでもよいので立てるのです。

　その大まかな人生50年計画の一つ一つのステップに対して、PDCAを絶えず回すことで、夢の実現可能性を確実に高めることができます。

　たとえば、夢を叶えるためには英語ができるようになり、国際経験を積む必要がある、そのために20代の間に留学したいというステップを定めたとします。留学を実現するための様々な要件が明確になるので、具体的な計画を定めます。そして、〈独学1.0〉で提示したようにPDCAを回します。もしかしたら、アメリカのハーバード大学を目指していたのが、PDCAサイクルの結果、イギリスのオックスフォード大学を目指すことになるかもしれませんし、シンガポール国立大学に変更するかもしれません。

　計画は当初のものと完全に一致していなくても、それが夢につながるステップであればよいのです。社会の変化をキャッチアップしたり、自らが新たに学んだものを反映させたり、より実現可能なものに調整したりということはPDCAサイクルのなかでいくらでもあります。

　そして、一つ一つのステップを実現したり、〈独学2.0〉によって自らの教養の幅がひろがっていくと、視界がひろがり、新しい世界が見えてくるようになります。

　すると、大まかに立てていた「人生50年計画」をより

明確にできるようになったり、方向性を調整したりすることができます。これが中期的な夢のPDCAになります。

たとえば私の場合は、留学前は、大学教授や官僚になることが夢へのステップになるのではとぼんやりと考えていました。

ただ、ハーバードに留学をしてみたら、欧米では非営利組織が重要な役割を果たしており、非常に優秀な人たちが創造的な取り組みで活躍していることを知りました。

また、日本にはそのような非営利組織がまだほとんどないという現実も実感し、日本の非営利業界を活性化させよう、そのために国内最大の非営利財団である日本財団を通して挑戦してみようと思うようになりました。

人生50年計画のステップを踏み、視野がひろがることで、プランそのものを何度も見直しながらPDCAを回します。そして、より新しい時代に合ったものに、自分がよりやりたいと思えるようなものにアップデートしていくのです。

人生50年計画もPDCAを絶えず回すことで、また発想力と同時に論理的思考を実践することで、実現可能性を確実に高めていくことができるのです。

POINT　PDCAを回して夢を叶えるためのステップをアップデートしていこう

一流になる条件の1万時間を無理なく続ける独学術

　ジャーナリストのマルコム・グラッドウェルは、全米でミリオンセラーとなった著書『天才！成功する人々の法則 "Outliers: The Story of Success"』（講談社）で、「一流・天才と呼ばれる人は、1万時間の厳しい練習に打ち込んでいる」と、「1万時間ルール」という理論を唱えました。

　たとえば、音楽学校でヴァイオリンを学んでいる生徒を、ソリストになりそうなグループ、プロオーケストラでやっていけそうなグループ、プロのオーケストラは無理でも音楽の先生になりそうなグループの3グループに分けて練習量を比較しました。

　すると、ソリストになりそうなグループの練習量は計1万時間ほどで、他のグループよりも飛躍的に高かったのです。

　1万時間といえば、1日10時間没頭したとしても3年間、1日3時間だとすると10年間かかる時間です。何事にも一流になるには、このくらいの時間と努力が必要だということです。

　1万時間ともなると、それだけの時間をすべて先生から指導してもらうわけにもいきません。

仮にレッスン料を1時間当たり3000円とすると、3000万円もの費用が必要ということになります。普通はそんな受講料を支払うことはできません。

**　ポイントで先生に習うことはあっても、それ以外の時間をいかに独学で打ち込めるかが、一流になれるかなれないか、夢を叶えられるか、叶えられないかを分けるラインになるのです。**

　　　／　　　1 万 時 間 を 無 理 な く こ な す 方 法　　　／

　では、どうすれば1万時間も何かに打ち込めるようになるのでしょう。1万時間を1千時間に分けて積み重ねることです。

　〈独学1.0〉は目の前の目標に向かって集中して取り組む独学法です。

　たとえば1年間という期間限定で、学生であれば一日10時間でも短期集中で勉強できてしまいます。

　社会人でも一日3時間を続けることは可能です。一日3時間を1年間続けると1千時間です。

　スポーツ選手など20代がピークのものは、若い間にこのくらい集中したトレーニングを続けて10年間以上積み重ねないと一流にはなれません。ただ、スポーツのように身体能力が問われるものでなければ、20代までにピークを持ってこなくても、40代、50代でもよいわけです。

　通常は、短期集中型の〈独学1.0〉を10年間も休みな

く続けていては息が上がってしまいます。

　途中で体力が続かなくなったり、気持ちがポキっと折れてしまうものです。

　楽しみながら夢を叶える〈独学3.0〉では、〈独学1.0〉と〈独学2.0〉を組み合わせて1万時間ルールを実践します。つまり、1年くらいの短期集中で大量の独学時間を集中投下する期間と、少しゆるやかに未来の投資のための教養を幅広く身につけていく期間を織り交ぜていきます。

　たとえば、4年間のうちの1年間は短期集中の〈独学1.0〉を実践し、3年間は〈独学2.0〉を実践します。社会人を例にとると、業務時間外にできる独学時間として、〈独学1.0〉の1年間は一日約3時間、〈独学2.0〉の3年間は一日約1時間実践するとしましょう。

　すると、千時間／年×1年＋333時間／年×3年となり、4年間で2千時間を費やすことになります。

　この4年間のタームを5回繰り返すことができれば、20年間で一流の条件である1万時間になるのです。20歳からスタートしても40歳でその道の一流になれるわけです。しかも、20年間ずっと突っ走り続けていなくても、その四分の三の期間は、1年で333時間、つまり一日1時間弱を続けていればよいわけです。

　その他の時間は他の分野のことを学んだり、様々な経験を積んで教養をひろげていきながら、自らに刺激を与えてモチベーションにつなげていきます。

そして、4年に1度はオリンピックのように集中して独学する、そんな独学のサイクルを身につければ、20年スパンで一流になり、あなたの夢を叶えることができるのです。

 1万時間を1千時間に分けて積み重ねよう

独学のこころ、
「天職」への
強い意志を持つ

　ペンシルヴァニア大学心理学教授アンジェラ・ダック
ワースの著書『やり抜く力　GRIT』（ダイヤモンド社）
が国内外でベストセラーになりました。成功するために
大切なものは、才能よりも情熱と粘り強さであり、その
力を「GRIT（グリット）」＝「やり抜く力」と定義し
ています。そして、グリット＝やり抜く力を伸ばすには、
「興味」「練習」「目的」「希望」という4ステップが必要
と説いています。

1）自分のやっていることを心から楽しみ、尽きせぬ
　　「興味」と子どものような好奇心を持って取り組ん
　　でいること。
2）自分のスキルを上回る目標を設定してはそれをク
　　リアする「練習」に励み、自身の弱点を克服する
　　ための日々の努力を何年も続けること。
3）自分の仕事や取り組んでいることが重要だと確信
　　し、個人的に面白いだけでなく、他の人々にも役
　　立つと思えるような「目的」意識を持つこと。
4）困難にぶつかり、不安になっても、その苦しみは
　　一時的なもので特定の要因があるという楽観主義

になり、自分の道を歩み続けるための「希望」を持ち続けること。

この4つのステップは、本著の内容とも重なる部分がありますが、まさに独学力はグリットと密接に関連しているのです。

ダックワース教授は4つのステップの一つ「目的」のページで、「天職」という言葉をたくさん使っています。

自分の仕事や取り組んでいることが重要だと確信し、個人的に面白いだけでなく、他の人々にも役立つと思えるような「目的」意識を持つということは、仕事を「仕事」として捉えているのではなく、「天職」として捉えているということです。

『やり抜く力　GRIT』で分かりやすい例を挙げています。レンガ職人たちに何をしているのかと尋ねたら、三者三様の答えが返ってきました。

1番目の職人は「レンガを積んでるんだよ」。
2番目の職人は「教会をつくっているんだ」。
3番目の職人は「歴史に残る大聖堂を造っているんだ」。

1番目の職人にとって、レンガ積みは単なる「仕事」にすぎず、2番目の職人にとってレンガ積みは「キャリア」と捉えられているといえます。

しかし、3番目の職人にとっては、レンガ積みが「天職」を意味しています。

同じような仕事をしていても、その仕事に大きな意義を感じられるかどうかは人によって異なります。

　その違いが人生や仕事に対する満足感や幸福感の違いにつながり、長期間にわたって続けられるかどうかを左右することになるというわけです。

　ダックワース教授によれば、自分の職業を「天職」だと思っている人はやり抜く力が強いことが分かっているといいます。

　これは独学にも同じことがいえます。

　勉強している人に何をしているのかと尋ね、「英単語を覚えているんだよ」と答えるのか、「TOEFLで○点を取るために取り組んでいるんだよ」と答えるのか、「世界に貢献するために必要な語学力を磨いているんだよ」と答えるのかでは、その捉え方に違いがあります。

　1番目の答え方では、つまらない英単語の暗記なんてすぐに飽きてしまい、途中で投げ出してしまうでしょう。塾や学校で強制的にやらされなければ続けられません。

　2番目の答え方は、1番目よりもずっとよく、短期的には目標を達成して成功できる要素があります。

　本著でいえば、〈独学1.0〉の考え方です。

　しかし、長期的に夢を叶えるためには、3番目のような思考も持っている必要があります。本著でいえば、〈独学3.0〉の考え方です。

　いま取り組んでいることが、自分の目指している強い夢につながっていて、それが自分のためのものだけでな

く、何か人のために役立つ意義のあるものであると感じられているかどうかです。

　この「天職」の意識は、いわば「独学のこころ」ともいえます。独学の具体的手法はもちろん重要ですが、「独学のこころ」を持つことが、長期的にやり抜く力を引き出す源泉になるのです。『独学の精神』（筑摩書房）という本の著者である立教大学の前田英樹教授は、共著書『何のために「学ぶ」のか』（筑摩書房）で、以下のように記しています。

　「身ひとつで独学する心は、おのずと『天』に通じている。『天』が助けてくれなければ、独学は実を結ばない。（中略）対象への愛情がないところに学問というものは育たないと私は思う。対象を愛する気持ちは、結局は『天を敬する』気持ちから来る。」

　天を敬する気持ち。人のために、社会のために役立たせたいという気持ち。

　天職の精神と、いま取り組んでいる「独学のこころ」が一つにつながっていることが、どんな挫折も乗り越える力を引き出し、内発的動機を絶えず湧き立たせてくれる力になるのです。

POINT　自分の学びが他の人々のためにもなるという、「天職の精神」を自分のなかに持とう

「座右の書」を
何度も繰り返し
読む

〈独学2.0〉では、教養の幅と世界をひろげるために、たくさんの読書を様々な分野から読むことをお薦めしました。それはそれで重要なことなのですが、ほんとうにお気に入りの本に出会うことができたら、その本を何度も繰り返し読むということも実はとても大切なことです。いわゆる座右の書を持つということです。

先ほど、天職の精神と独学のこころをつなげるということを書きました。いわば、人生における軸を持つということであり、学びたい、成長したい、何かを成し遂げたいと思える力の源泉を持つということです。

企業でいえば、自社の社会的使命を明文化するミッションステートメントを標榜するところが増えました。社会の変化によって扱う商品やサービスが変わったり、経営者や社員が変わったとしても、企業のDNAとして一貫して目指すべき方向を示す羅針盤となるものです。

個人におけるミッションステートメントは、人生で成し遂げたい夢にあたります。

そして、その夢＝ミッションステートメントに向かって、社会や環境がどう変わったとしても、ぶれずに進む

ための羅針盤となる軸を持つことが大切です。

　私は、この人生の軸を持ち、それを絶えず強固にしていくために、座右の書を何度も繰り返し読むことをお薦めします。

　一流の人たちを研究すると、座右の書を持つ人たちは少なくありません。トップアスリートでは、サッカー日本代表の本田圭佑選手はサミュエル・スマイルズの『自助論』（三笠書房）を座右の書として挙げています。同じく長谷部誠選手はデール・カーネギーの『人を動かす』（創元社）。ヤンキースや巨人でプロ野球選手として活躍した松井秀喜さんは宮本武蔵の『五輪書』（岩波書店）です。一見、自分の専門とはまったく異なる本であっても、人生の軸を確認し強固にするためには関係ないことが分かります。経営者では、松下幸之助の『道をひらく』（PHP研究所）や、ピーター・ドラッカーの『マネジメント』（ダイヤモンド社）をはじめとする著作を挙げる人が多いです。自分の成長度合いや、そのときに置かれている状況によって、何度読んでも気づきや発見があるといいます。

　欧米圏のリーダーでは、政治・ビジネス・学界などの分野に関わらず、『聖書』が座右の書である人は少なくありません。

　逆に、日本では『論語』を座右の書に挙げるビジネスリーダーが多いです。時代を超え、国を超えて読み継がれている名著であるということの表れといえるでしょう。〈独学2.0〉では、「マンガ独学法」を紹介しました

が、マンガも立派な座右の書になり得ると私は考えています。

若手の経営者は、マンガに強い影響を受け、座右の書にしている人が少なくありません。

たとえば、オイシックス代表取締役社長の高島宏平さんや、ビズリーチ代表取締役社長の南壮一郎さんなど複数の経営者が、マンガ『サンクチュアリ』（小学館）に強い影響を受け、お薦めのマンガとして挙げています。

ポル・ポト政権下のカンボジアで育った2人が、1人は政治の世界、もう1人は極道の世界に進んで、お互いが助け合いながら日本を変えていくというストーリーです。

実は、私もこの『サンクチュアリ』を大学生時代に読んで、強い影響を受けており、座右の書の一つといえるかもしれません。

座右の書を持ち、1年の出発にあたって読み返したり、困難に直面したときや、判断に悩んでいるとき、様々な場面で何度も繰り返し読むことで、新たな発見を得たり、人生の軸に立ち返ることができます。

人生は長期戦であり、社会はその間にめまぐるしく変わります。座右の書とともに、どんな変化にもぶれない人生の軸と羅針盤を持ちましょう。

 POINT 困難を乗り越えるための座右の書を見つけよう

フロンティアを
開拓する
6つの方法

　独学の魅力は、先生といわれるような先達がいない分野でも、自分で探し出して開拓することができることです。

　学校や塾では、既に開拓されて確立された内容を教わることが基本になりますが、自らが未開拓地を切り拓くことができるのが〈独学3.0〉です。

　だからこそ、独学はドキドキワクワクする学びなのです。

　フロンティアを開拓するにはいくつか方法があります。普段私が意識しているものを以下に挙げてみます。

1）海外から国内にないものを輸入する方法。
2）国内から海外にないものを輸出する方法。
3）技術革新を応用・導入する方法。
4）これまでにない組み合わせを行う方法。
5）一般的にはまだマイナーなものを大きく取り上げてメジャーなものにする方法。
6）こんなものがあったらいいなを考える方法。

1）2）はビジネスではよくある手法ですが、地理的な

ギャップを利用してフロンティアを開拓する方法です。

　日本ではまだ先例がないことでも、海外では成功している事例があることが少なくありませんし、その逆もしかりです。その成功事例を言語や国境の壁を越えて、独自に学び、移転させることでフロンティアを開拓できます。

　たとえば、私の友人が最近、液体ミルクの日本での導入キャンペーンを行っています。

　海外では液体ミルクが当たり前に販売されており、日常の外出などにも役立っているだけでなく、災害時にもお湯で粉ミルクを溶かす必要がないので便利だという利点があります。日本は震災が多いにもかかわらず、粉ミルクだけで国内産液体ミルクが販売されていません。そこに目をつけて署名キャンペーンを行っていたのですが、メディアによる報道や関係者との勉強会などがきっかけとなり、政治や企業だけでなくタレントなどにも注目されるようになりました。

　そういった世論の声が後押しとなり、規制が緩和され、商品が日本でも販売されるようになりました。

　海外にあって日本にないものを国内に輸入するという一例ですが、商品そのものだけでなく、制度や仕組みを輸入するというケースもありえます。**親にとって、もっと便利で安心できる環境をつくりたいという想いが軸となり、海外にあって日本にないもの見つけ出し、それを日本に導入するために必要なことを独学することで、想いがかたちになっていっているわけです。**

3）技術革新の応用・導入については、ハイテク産業のベンチャー企業を思い浮かべるかもしれませんが、個人の単位でも様々なことが可能です。たとえば私は、『YouTube 英語勉強法』という本を2011年に著しました。YouTube などのウェブ動画サイトの充実が、英語学習の環境を圧倒的に変化させていることを実感し、それらをうまくフル活用することで、お金をかけずに楽しく効果的にできる英語学習を自ら実践するとともに、その方法を1冊の本にして体系的に提示しました。

　当時、そういった本は初めてだったので、メディアにも多く取り上げられましたが、新たな英語学習の方法を開拓した一例です。

　実は、この手法は仕事で実践したものを、個人の著作活動に応用させたものでもあります。

　仕事で新たに YouTube 公式チャンネルを開設するとともに、YouTube を活用した日本ドキュメンタリー動画祭という新規企画を立ち上げた経験をもとにしました。入社1年ちょっとで立ち上げた企画でしたが、大林宣彦監督などに審査員として関わってもらい、大きな反響もあったので、楽しい経験でした。

　これも、既存のドキュメンタリーコンテストにYouTube という技術革新を導入することで、新しい分野を開拓した一例です。

　時代の変化によって様々な技術革新がうまれます。それをただ消費するだけで終わるのではなく、独自に学び、まだ導入されていないフロンティアを見つけ出すこ

とで、世の中でみたことのない新しいことが可能になるのです。

4）これまでにない組み合わせを行う方法は、3）とも類似する部分はありますが、その組み合わせは技術革新に限りません。

一見異質だと思われるものを掛け合わせることで、新たなフロンティアが開拓されることがあります。

私の例でいえば、マンガ独学法という考え方もその一例です。私は、学びのイノベーションが起こせないかということを常々考えているのですが、そこで思いついたのが、マンガ×学びという異質なもの同士の掛け合わせです。

「マンガ独学法」についてはPart2で詳述しましたが、共著を合わせるとマンガ×学びをテーマにした本を3冊出版しましたし、職場では「これも学習マンガだ！～世界発見プロジェクト～」という新規事業にもつながりました。

5）は、一般的にはまだマイナーなものを大きく取り上げてメジャーなものにする方法です。

投資の世界ではベンチャーキャピタルに近いかもしれません。成長が見込める未上場のベンチャー企業に投資することでハイリターンを狙う投資会社です。

この手法は投資や企業の世界だけに限定されるものではありません。私が立ち上げにかかわった「日本財団パラリンピックサポートセンター」は2015年に設立されましたが、メディアや企業などからも多くの注目を浴び、連日のように各種メディアに取り上げられました。

パラリンピックやパラスポーツ（障がい者スポーツ）というその当時はまだマイナーだった分野に対して、東京パラリンピックが注目されることを見越して、メジャーにするための取り組みを本格的に行ったからだと自己分析しています。もちろん、日本でも他の関係機関によって長年取り組まれてきた分野ではありますが、メジャーな規模でという点ではある種のフロンティアだといえるでしょう。

　将来の成長が見込めるけれど、まだマイナーに留まっているものを見つけ出すのは、〈独学2.0〉によって可能です。それをマイナーからメジャーにするために目標を設定し、戦略と計画を策定し実践するのは〈独学1.0〉によって可能です。この2つを掛け合わせるのが、まさにフロンティアを開拓する〈独学3.0〉なのです。

　最後に、6）こんなものがあったらいいなを考える方法というのは、まさに夢を追求することであり、ビジョンを描くということです。「月に旅行できるようになりたい」とか、「どんな言語でも瞬時に自動通訳してくれる機械があったらいいな」とか、「戦争がない世界にしたい」とか大きな夢想でもよいです。

　逆に、「楽しくダイエットしたい」とか、「満員電車は避けたい」とか、「楽して英語ができるようになりたい」とか身近なものでもよいです。

　まさにドラえもんの世界ですね。

「こんなものがあったらいいな」「こんなことができた

らいいのに」という純粋な気持ちが生じるのは、いまこの場にはないけれど、**確実なニーズがある未開拓の分野であるということです。** そして、実は新たなイノベーションをうむ可能性がある分野でもあるのです。

　いままでなかったものなので、やり方を教えてくれる先生や上司はいませんが、その分ドキドキワクワクしますよね。〈独学3.0〉を実践すれば、「こんなものがあったらいいな」を実現させる開拓の道が見えてくるかもしれません。

 フロンティアを見つけて、まだ誰もやったことのない道を進んでみよう

家族から学び、
幸せと両立する
独学法

本パートの冒頭で、〈独学3.0〉は人生が楽しくて幸せになる学びのスタイルだと述べました。**私は、どんなに勉強の成果を出したとしても（高学歴を得たとしても）、どんなに社会的に成功しても（高収入を得たとしても）、幸せにならなければその意味はかなり薄れてしまうと考えています。**

〈独学3.0〉は、勉強の成果を出し、社会的にも成功し、なおかつ幸せになるための方法です。

幸せには、夢を叶えるという要素もありますし、その過程でドキドキワクワクするような生き方をするということもありますが、私は愛する家族を大切にするということも、幸せになるために欠かせない要素だと思っています。

独学となんの関係があるのかと疑問に思うかもしれませんが、私は十分に関係のあることだと思っています。〈独学2.0〉では、「遊びと旅と対話でフィールドワークに出よう」、そして、「子どもの発想でCQ＝好奇心指数を高めよう」ということを述べました。仕事だけに没頭したり、自分の業種や専門分野、立場が近い人だけと付き合っていたり、自分が興味のある狭い世界だけで勉

強していては、新たな発想や気づきが得られにくいです。

いつもと違うところに出て、自分とはまったく異なる世代や立場の人と対話することで、新たな視野がひろがるのです。

　自分とはまったく異なる世代と立場にもかかわらず、最も身近にいるのが家族です。子どもと遊び、妻（夫）や両親などと対話し、そこから学ぶことで、誰にもできない独自の学び、独学が可能なのです。

　私は、子どもと一緒に旅行をしたり、自然に行ったり、そこで虫探しをしたりしながら、普段使わない脳が刺激され、好奇心が高まることを実感しています。

　『子どもは40000回質問する』（光文社）というイギリスのノンフィクション作家イアン・レズリーによる著作がありますが、子どもは2歳から5歳までの間に質問を計4万回行うと推計されています。

　私も自分の子どもから「なんで？」「どうして？」という質問を何度も浴びせられた経験があります。

　親としてはうんざりすることもありますが、子どもの純粋な質問に眠っていた好奇心を刺激され、新たな発見を得られることが少なくありません。

　また、妻には仕事のことや、思い浮かんだアイディアを共有して、意見を聞くことがよくあります。男女の違いだけでなく、興味関心もまったく異なるので、自分にはない発想が出てくることもありますし、手厳しい意見を言われることもありますが、第一のテストユーザーとしてとても参考になることが多いです。

また、母は早くに他界しましたが、生前に残した母の手記や、父から聞く母の思い出を大切にするよう意識しています。父とは人生の節目で、人生観や生き方について話し合うことがありますが、父は誰よりも私にとっての生涯の師だと感じています。そして、いまは義父母と一緒に三世代で暮らしていますが、自分が持っていなかった観点に気づかされ、実の父母とは異なる学びを与えてくれています。

　そういった過程を通して家族で学び合うことが、お互いが考えていることや目指していることを共有することになり、結果的に自分たちの幸せにもつながっています。

　私は5児の父親ですが、これまで4回育児休業を取得しました。1、2ヶ月ほどですが、職場から離れ、子育てに専念しました。もちろん、出産直後の妻を助け、子どもとの時間をなるべく持つという目的ですが、じっくりと子どもや家族と向き合う時間を一定期間持つことで、自分自身の学びや発見につながったと思っています。まさに、育児は「育自」だと実感しました。独学とは、孤独に学ぶことではなく、独自の関係性のなかから自分ならではの学びを実践することです。独自の関係性を大切にするからこそ、幸せと学びを両立できるのです。

POINT　他では得られない独自の学びを、家族から得よう

独学を一生続けて
夢を叶える
〈独学3.0〉まとめ

〈独学3.0〉の肝は、一生学び続けることです。

一生学び続ける人が、最後には生涯の夢を叶えられるのです。

生涯教育という言葉もありますが、実際に一生学び続けるには、お金を払って誰かに教えてもらうサービスをずっと受け続けるわけにはいかないでしょう。

学校や塾で教育サービスを受けられるのは、子どもである間は当たり前であっても、長い人生のなかではごくわずかな期間でしかないのです。だからこそ、独学を身につけることが、一生学び続けることにつながり、生涯の夢を叶える力になるのです。

先に一流になるための「1万時間ルール」を紹介しました。どの分野でも一流と呼ばれる人たちは、1万時間以上練習に励んでいるというものです。

それを20代がピークとなるスポーツではなく、頭を使うもので実現させるために、20年間で1万時間ルールを実践する具体例を書きました。4年間のうちの1年間は短期集中として一日3時間の〈独学1.0〉を実践し、3年間は教養の幅をひろげる期間として一日1時間の〈独学

2.0〉を実践するという4年のタームを5回繰り返すことができれば、20年間で一流の条件である1万時間になるのです。

ちなみに、小中高校で履修する授業時間をすべて合わせると、およそ1万時間強になります。

学校で勉強したことで終わりという人と、学校以外でも学び続けてきて1万時間を実践する人では、単純に2倍の差がつくわけです。

さらに、一生学び続ければ、40歳までに1万時間、60歳までにプラス1万時間と、終わりなく伸び続けることができます。生涯を振り返ると、その差は3倍にも4倍にもなっているのです。

どうすれば、一生学び続けることができるのか、生涯にわたって独学を実践し続けることができるのか。本著ではその具体的な方策、独学の極意を紹介してきました。大きく捉えると、短期の具体的目標を達成するための〈独学1.0〉と、中期的に教養の幅をひろげる〈独学2.0〉をうまく組み合わせることで、息切れすることなく、また時代の変化にも対応しながら、独学を効果的に続けることができます。

その組み合わせによって、20年間で無理なく、楽しく、確実に1万時間を実践できるのが〈独学3.0〉です。そして、ドキドキワクワクするような、生涯を通して成し遂げたい夢を持つことです。その夢を叶えるためのステップとして、「人生50年計画」を大まかにでも立ててみましょう。

その50年計画のステップがうまく進んでいるか、絶えずPDCAを回して、アップデートしていきましょう。

生涯にわたる50年もの計画を実践するには、最後までやり抜く力が必要です。

長期的には、才能よりもグリット＝やり抜く力が、成功するための重要な要素になります。

やり抜く力を伸ばすには、単に時間を費やす「練習」だけをこなすのでなく、「興味」「目的」「希望」が必要だといわれています。自分の仕事や取り組んでいることが重要だと確信し、個人的に面白いだけでなく、他の人々にも役立つと思えるような「目的」意識を持つことが重要です。本著ではそれを、「天職」の精神、あるいは「独学のこころ」と呼びました。

他の人々にも役立つと思えるような目的意識を持つこと、他のために自分の命を役立たせたい、そんな想いを持つことが、ドキドキワクワクするような独学を一生続けられるエネルギーの源泉を持つことにつながるのだと思います。

そして、一生学び続けた人が、最後には夢を叶えられるのです。

どんなに時代が変化しても、〈独学3.0〉を実践し続ければあなたの夢は叶うでしょう。

本著で紹介した「最強の独学術」を、今日からでもぜひ実践してみてください。

独学を武器にして、目標も夢も叶えよう

　私は「教育」という言葉が好きではありません。「教え」て「育てる」という視点は、あくまで教える側、育てる側、教育者の視点、先生の視点です。

　教育者が教えたいことを、学習者に対して、いかにして効果的に教えるかを考えることが教育のテーマです。

　でも、本当に重要なのは、学習者本人がいかに効果的に学び、成長するかということです。

　そのためには、教える側の視点だけでなく、学ぶ側の視点がもっと重要なはずです。

　学ぶ側の視点、学ぶ側の動機、学ぶ側の学習状況、学ぶ側の夢と目標、そういったものが本当の意味では省みられずに、教える側の都合と事情に合わせてつくり上げられているのが、これまでの教育システムなのではないでしょうか。

　だから、勉強というと嫌だけどやらないといけない義務になってしまい、結果的には、勉強嫌いをたくさん育てて社会に輩出してしまっているのではないでしょうか。

　本当は、学ぶということは、メチャクチャ楽しいことです。ドキドキワクワクするようなことです。

だって、それによって、自分を制限なく成長させ続けることができ、自分の世界を限りなくひろげることができ、やりたいと思ったことができるようになり、夢を叶えるための力になるわけですから。

　そんなことを伝えたい。教育中心の嫌な勉強を義務でさせるこれまでの世界から、学習者中心の楽しい学びを好きでやり続ける世界に変えたい。

　そのためには、具体的な方法を、整理して体系的に提示する必要がある。そんな想いが、短期・中期・長期における独学の実践方法を1冊にまとめた本著の執筆動機です。

　これまで私自身が、たまたま貧しい家庭で育って独学で道を切り拓いてきたことは触れてきました。同様に、経済的に恵まれた環境にはいない人たちにとって、本著が応援の本になることを願ってやみません。

　また、環境がどうであれ、自分を成長させたい人、目標を実現させたい人、夢を叶えたい人にとって、どんな塾よりも役立つ指南書、「勝利のバイブル」になるようにという想いを込めています。

　学ぶことがドキドキワクワクするような、メチャクチャ楽しいことであることを思い出させ、確信させてくれたのは、私の5人の子どもたちです。

　子どもはまさに「学びの天才」です。そして、教える親の都合ではなく、子どもが本来持っている独学のエンジンに一度火がついたら、誰も止めることができません。

本著はそんな5人の子どもたちからもたくさんのヒントを得ています。

　そんな子どもたちと、彼らを一緒に育て見守ってきた妻も、本著の共同執筆者だといえます。

　本著の実現を支えてくれたアップルシード・エージェンシーの栂井理恵さんに、この場を借りて感謝申し上げます。

　そして、本著を編集いただいた大和書房の大野洋平さんにも心から感謝申し上げます。大野さんから「独学」をテーマにした本をというご提案をいただき、やり取りのなかで〈独学1.0〉から〈独学3.0〉へというアイディアがうまれました。

　本著を読んでいただいたすべての人にとって、学びがドキドキワクワクするような楽しいものとなり、独学という無限の力によって、夢を叶える一助となることを願いながら。

2017年夏
本山勝寛

文庫のためのあとがき

　2020年という年は人類史のなかでも歴史に刻まれる年になるでしょう。

　1945年を世界中の誰もが第二次世界大戦の終戦の年として記憶しているように。戦勝国として、敗戦国として、あるいはその年を機に独立した国として、歴史の転換点となった年が1945年であったと。

　それと同じように、2020年が人類共通の歴史のターニングポイントと記憶されるのだと思います。

　私が『最強の独学術』の初版を著した2017年当時は、まだ東京オリンピック・パラリンピックを契機に日本にとって転換点になるのが2020年だと捉えていました。そして、日本において時代の変化に対応できるよう、学びのアップデートを起こしていかなければならないと考えていました。

　しかし、2020年に到来したのは、新型コロナウイルスという未曽有の感染症の世界的な拡大でした。多くの方の命が犠牲となり、世界中の都市がロックダウンされ、国外への渡航入国が制限され、家から外に出られないステイホームが続き、仕事はオフィスではなく自宅でテレワークとなり、学校も休校措置がとられました。

　人々は、オンライン上でつながりを保ちながらも、独立して自ら主体的に学び、仕事をすることを余儀なくされました。同じ場所（学校、塾、オフィス、セミナー会場）で、同じ時間に、決められた先生や上司が教えてくれるのを待っていては何もできない状況です。

　これから新型コロナウイルスの感染状況は何回かの波を経験しながら、ワクチンが開発製造され、世界的に普及するまで、

しばらくの間はウィズコロナ時代が続くでしょう。そして、数年間という期間を経て、人類はそのライフスタイルが習慣化され、新しい生き方となるでしょう。アフターコロナ時代です。

　学びという観点からは、「独学×（オンライン＋対面）」の時代の到来です。

　これまではどんな時代だったかというと、「教育×対面＋独学」という時代で、独学は対面教育を補足するプラスアルファとしてやるものでした。しかし、決められた場所で、決められた時間に、決められたことを、先生が一斉に集団に教えるという教育スタイルは時代とともに淘汰されていくでしょう。

　一方で、自らが学びのエンジンを搭載し、独学力をもった人はこれまで以上に高度でたくさんの学びと成長の機会を得ることができる時代になります。世界中の第一線の専門家ともつながり、直接インタラクティブに学ぶことができる環境と時代が到来するので、それをやるかやらないかは自分自身に問われていくのです。

　本著の〈独学1.0〉でどんなことも目標達成する基本的な独学のスタイルを身につけたうえで、〈独学2.0〉でITや多様なツールを駆使してポスト2020の「独学×（オンライン＋対面）」の時代にふさわしい学びを繰り広げていただきたいです。そして、どんなに時代や環境が変化しても一生涯学び続け、自分自身の夢を実現させる〈独学3.0〉を確立してください。

　本著が、読者の皆様のドキドキワクワクすうような学びの一助となることを願っています。

2020年夏
本山勝寛

本山勝寛（もとやま・かつひろ）
日本財団子どもサポートチームチームリーダー兼人材開発チームチームリーダー。東京大学工学部システム創成学科知能社会システムコース卒業、ハーバード教育大学院国際教育政策修士課程修了。小学校から高校まで地方の公立学校に通い、独学だけで東京大学、ハーバード大学院に合格する。理系から文系、工学から教育学まで幅広く学ぶ。アジア最大級の国際NGOである日本財団で、世界30カ国以上を訪問。教育や人権、国際協力、障害者支援、パラリンピック支援、貧困対策事業を手がける。5児の父親で、これまで育児休業を4回取得。ブロガーとして独自の子育て論、教育論を「BLOGOS」などで展開し、話題を呼ぶ。オンラインサロン「本山ソーシャルイノベーション塾」(MSI塾)を主宰し塾長を務める。『最強の暗記術』(大和書房)、『16倍速勉強法』(光文社)、『一生伸び続ける人の学び方』(かんき出版)『今こそ「奨学金」の本当の話をしよう。』(ポプラ社)、『そうゾウくんとえほんづくり』(KADOKAWA)など、「学びの革命」をテーマに著書多数。

ブログ「まなブロ」
http://motoyamakatsuhiro.hateblo.jp

本作品は、小社より2017年
8月に刊行されました。

最強の独学術
じりき
自力であらゆる目標を達成する
「勝利のバイブル」

著者　本山勝寛（もとやまかつひろ）

©2020 Katsuhiro Motoyama
Printed in Japan
2020年8月15日第1刷発行

発行者　佐藤　靖
発行所　大和書房
東京都文京区関口1-33-4 〒112-0014
電話 03-3203-4511

著者エージェント　アップルシード・エージェンシー
フォーマットデザイン　鈴木成一デザイン室
カバーデザイン　西垂水 敦・市川 さつき(krran)
本文デザイン　市川 さつき(krran)
本文印刷　厚徳社
カバー印刷　山一印刷
製本　小泉製本

ISBN978-4-479-30828-7
乱丁本・落丁本はお取り替えいたします。
http://www.daiwashobo.co.jp